Meios Extrajudiciais de
SOLUÇÃO DE CONFLITOS
Manual dos MESCs

Durante o processo de edição desta obra, foram tomados todos os cuidados para assegurar a publicação de informações técnicas, precisas e atualizadas conforme lei, normas e regras de órgãos de classe aplicáveis à matéria, incluindo códigos de ética, bem como sobre práticas geralmente aceitas pela comunidade acadêmica e/ou técnica, segundo a experiência do autor da obra, pesquisa científica e dados existentes até a data da publicação. As linhas de pesquisa ou de argumentação do autor, assim como suas opiniões, não são necessariamente as da Editora, de modo que esta não pode ser responsabilizada por quaisquer erros ou omissões desta obra que sirvam de apoio à prática profissional do leitor.

Do mesmo modo, foram empregados todos os esforços para garantir a proteção dos direitos de autor envolvidos na obra, inclusive quanto às obras de terceiros e imagens e ilustrações aqui reproduzidas. Caso algum autor se sinta prejudicado, favor entrar em contato com a Editora.

Finalmente, cabe orientar o leitor que a citação de passagens da obra com o objetivo de debate ou exemplificação ou ainda a reprodução de pequenos trechos da obra para uso privado, sem intuito comercial e desde que não prejudique a normal exploração da obra, são, por um lado, permitidas pela Lei de Direitos Autorais, art. 46, incisos II e III. Por outro, a mesma Lei de Direitos Autorais, no art. 29, incisos I, VI e VII, proíbe a reprodução parcial ou integral desta obra, sem prévia autorização, para uso coletivo, bem como o compartilhamento indiscriminado de cópias não autorizadas, inclusive em grupos de grande audiência em redes sociais e aplicativos de mensagens instantâneas. Essa prática prejudica a normal exploração da obra pelo seu autor, ameaçando a edição técnica e universitária de livros científicos e didáticos e a produção de novas obras de qualquer autor.

Luiz Fernando do Vale de Almeida Guilherme

Meios Extrajudiciais de SOLUÇÃO DE CONFLITOS
Manual dos MESCs

- Arbitragem
- Mediação
- Conciliação
- Negociação
- Ombudsman
- Avaliação neutra

manole
editora

2ª EDIÇÃO
revisada e atualizada

© Editora Manole Ltda., 2022, por meio de contrato com o autor.

PRODUÇÃO EDITORIAL: Ana Cristina Garcia
CAPA: Ricardo Yoshiaki Nitta Rodrigues
PROJETO GRÁFICO: Departamento Editorial da Editora Manole
DIAGRAMAÇÃO: Fabricando Ideias Design Editorial

CIP-BRASIL. CATALOGAÇÃO NA PUBLICAÇÃO
SINDICATO NACIONAL DOS EDITORES DE LIVROS, RJ

Guilherme, Luiz Fernando do Vale de Almeida
Manual dos MESCs: meios extrajudiciais de solução de conflitos / Luiz Fernando do Vale de Almeida Guilherme. – 2. ed. – Barueri [SP] : Manole, 2022.

Inclui bibliografia e índice
ISBN 9786555768138

1. Arbitragem e sentença – Manuais, guias, etc. – Brasil. 2. Mediação – Manuais, guias, etc. – Brasil. 3. Negociação – Manuais, guias, etc. – Brasil. I. Título.

22-76355 CDU: 347.925(81)

Meri Gleice Rodrigues de Souza - Bibliotecária - CRB-7/6439

Todos os direitos reservados.
Nenhuma parte deste livro poderá ser reproduzida, por qualquer processo, sem a permissão expressa dos editores. É proibida a reprodução por xerox.

A Editora Manole é filiada à ABDR – Associação Brasileira de Direitos Reprográficos.

1ª edição – 2016; 2ª edição – 2022
Data de fechamento: 10.02.2022

Editora Manole Ltda.
Alameda América, 876 – Tamboré
06543-315 – Santana de Parnaíba – SP – Brasil
Tel.: (11) 4196-6000
www.manole.com.br | https://atendimento.manole.com.br

Impresso no Brasil
Printed in Brazil

Dedico este livro a todos aqueles que têm utopia de acreditar na Justiça.

"Para que serve a utopia? Ela está diante do horizonte. Me aproximo dois passos e ela se afasta dois passos. Caminho dez passos e o horizonte corre dez passos à frente. Por muito que eu caminhe, nunca a alcançarei. Para que serve a utopia? Serve para isso, para caminhar."

Eduardo Galeano

Agradecimentos

Aos meus sempre colegas da Almeida Guilherme Advogados Associados (AGLaw).

Apresentação da 1ª edição

Este *Manual* é um pedido pessoal do Sr. Dinu Manole à minha pessoa, o que muito me honrou.

Nele serão tratados não só a arbitragem, mas a conciliação, a mediação, a negociação e outros métodos para finalizar ou apaziguar conflitos.

O presente trabalho conta com a análise dogmática dos institutos, assim como o estudo da alteração da Lei n. 9.307/96, já comentada por mim e publicada no *Manual de arbitragem* (3ª edição, 2013), e o Código de Processo Civil de 16 de março de 2015, que logo no início traz fomento à solução consensual dos conflitos.

É com grande prazer que desenvolvi esta obra para todos os membros da comunidade jurídica e leigos, uma vez que o livro apresenta uma tendência interdisciplinar e multidisciplinar.

São Paulo, abril de 2016.
Luiz Fernando do Vale de Almeida Guilherme

Nota à 2ª edição

Esta nova edição do *Manual*, solicitada por Amarylis Manole – editora geral da prestigiada Editora Manole –, veio em bom momento, exatamente porque estamos mudando a mentalidade quanto à forma da operacionalização do direito no Brasil.

Primeiro, pela utilização dos MESCs de forma maciça devido à pandemia de Covid-19. Segundo, pela nova interpretação que o Superior Tribunal de Justiça e o Conselho Nacional de Justiça dão a temas como a utilização da arbitragem e a mediação no Brasil, inclusive o *On Line Dispute Resolution (ODR)*. Importante se faz notar a Convenção de Singapura, também recepcionada neste ano pelo país.

Não foram esquecidos temas importantes, como a Justiça 4.0 e a Mediação em prol de refugiados.

Espero que os operadores do direito possam trazer críticas e sugestões a esta nova edição, que pretende apresentar, de forma clara e rápida, os Meios Extrajudiciais de Solução de Conflitos no país, bem como a maneira de se apaziguar os conflitos.

São Paulo (SP), dezembro de 2021.
Luiz Fernando do Vale de Almeida Guilherme

Sobre o autor

Luiz Fernando do Vale de Almeida Guilherme

Advogado no Brasil e em Portugal. Bacharel em Direito, Mestre e Doutor pela Pontifícia Universidade Católica de São Paulo – PUC/SP. Especialista pela UPT – Portugal e pela Universidad de Salamanca – Espanha, onde também é Pós-Doutor e Professor Visitante. Membro Efetivo de várias comissões da OAB no Brasil, do Instituto dos Advogados de São Paulo (IASP), do Instituto dos Advogados do Distrito Federal (IADF), do Instituto dos Advogados do Brasil (IAB). Faz parte do Instituto de Direito Privado (IDP), do Instituto Brasileiro de Direito Civil (IBDCivil), do Conpedi, do Instituto de Direito de Família (IBDFam), do Instituto Disruptive Law, do Instituto de Estudos Jurídicos Aplicados (IEJA) e do Comitê Brasileiro de Arbitragem (CBAr). Professor convidado do curso de pós-graduação nas Faculdades de Direito da Universidade Presbiteriana Mackenzie (UPM), da PUC/SP (Cogeae), da Fundação Armando Alvares Penteado (FAAP), da Escola Paulista da Magistratura (EPM), da Universidade Federal do Mato Grosso (UFMT), do Ebradi, da Uninove e do Complexo Educacional Damásio de Jesus. Professor do curso de graduação da Universidade Presbiteriana Mackenzie. Professor do Mestrado Profissional do Cedes. Autor de diversos artigos e livros jurídicos, entre eles: *Código Civil comentado e anotado*, 3. ed. (no prelo), *Manual de Direito Civil*, 5. ed., e *Comentários à Lei de Locações – Lei n. 8.245, de 18 de outubro de 1991*, 2. ed. (no prelo), todos pela Editora Manole. Recebeu a Láurea do Mérito Docente pela OAB-SP.

Introdução

A arbitragem consiste num meio extrajudicial de solução de controvérsias mediante a intervenção de um ou mais árbitros, sempre em número ímpar, escolhidos e contratados pelas partes, a partir de uma convenção de natureza privada, a saber: compromisso ou cláusula arbitral (art. 3º da Lei n. 9.307/96). A sentença proferida pelos árbitros normalmente não comporta qualquer recurso, equiparando-se à decisão judicial (art. 23, *caput*,[1] da Lei n. 9.307/96).

O art. 1º da Lei n. 9.307/96 dispõe: "As pessoas capazes de contratar poderão valer-se da arbitragem para dirimir litígios relativos a direitos patrimoniais disponíveis", ou seja, o objeto da arbitragem somente poderá recair sobre direitos patrimoniais disponíveis, de titularidade de pessoas capazes de contratar (arts. 3º, 4º e 5º do Código Civil e, ainda, art. 104, I, do mesmo diploma legal). A instauração do procedimento arbitral só se perfaz com o compromisso arbitral (arts. 851 a 853,[2] Capítulo XX – Do Compromisso, do Código Civil e art. 3º da Lei n. 9.307/96); por esse motivo, sempre defendi a natureza jurídica do instituto como sendo contratual, em que as partes concordam em levar aquele conflito à decisão de terceiro contratado por elas, ou seja, o árbitro.

---

1   "Art. 23. A sentença arbitral será proferida no prazo estipulado pelas partes. Nada tendo sido convencionado, o prazo para a apresentação da sentença é de seis meses, contado da instituição da arbitragem ou da substituição do árbitro."

2   "Art. 851. É admitido compromisso, judicial ou extrajudicial, para resolver litígios entre pessoas que podem contratar.

Art. 852. É vedado compromisso para solução de questões de estado, de direito pessoal de família e de outras que não tenham caráter estritamente patrimonial.

Art. 853. Admite-se nos contratos a cláusula compromissória, para resolver divergências mediante juízo arbitral, na forma estabelecida em lei especial" (leia-se Lei n. 9.307/96).

José Roberto Cruz e Tucci et al., no *Código de Processo Civil anotado*, publicado no *site* da OAB do Paraná, prelecionam:

> Se, sob a ótica objetiva, somente é arbitrável o litígio envolvendo matéria atinente a direito disponível, do ponto de vista subjetivo, é apenas arbitrável o litígio entre as partes que subscreveram o instrumento em que presente a respectiva convenção e que sejam capazes.
>
> Cumpre esclarecer, ainda, que o juízo arbitral somente pode ser instituído desde que presentes todas as pessoas que figuraram no instrumento no qual ficou estabelecida a cláusula compromissória (TUCCI et al., 2015, p. 6).

Como a arbitragem se circunscreve aos limites do contrato celebrado entre as partes, sob os aspectos subjetivo e objetivo, não pode ser deflagrada senão entre os protagonistas do respectivo negócio. A legitimidade de parte para o processo arbitral, por isso, só se estabelece entre os sujeitos contratuais. A única via de legitimação, ativa ou passiva, para quem queira participar, ou seja, chamado a integrar a arbitragem, condiciona-se à própria convenção arbitral. Assim, se determinada pessoa não estiver subordinada a contrato com previsão de arbitragem, não pode ela ser acionada perante o juízo arbitral. Se o processo arbitral se iniciar sem a presença de todos os sujeitos que firmaram o contrato, só restará ao árbitro encerrar o procedimento sem julgamento de mérito, sob pena de ser nula a sentença que eventualmente vier a ser proferida. Tendo-se em vista os limites subjetivos da convenção arbitral, não há como se admitir que a imutabilidade do conteúdo decisório da sentença possa atingir terceiros. Esta é, outrossim, a orientação consolidada da jurisprudência de nossos tribunais, *v. g.*, infere-se do julgamento da Apelação n. 0116341-91.2009.8.26.0100, proferido pela 26ª Câmara de Direito Privado do TJSP:

> A substituição da Corte de arbitragem pela via judicial não implica ofensa ao princípio do *pacta sunt servanda*, porque os réus não foram partícipes do contrato, objeto da demanda. Bem por isso, não há como deixar ao encargo do Tribunal Arbitral o exame das questões discutidas, excluindo-se a participação do Poder Judiciário, isso sem falar que na arbitragem prevalece a regra da relatividade, ou seja, a instituição do compromisso arbitral, sob o aspecto subjetivo, é restrita às pessoas que firmam a cláusula compromissória. Sua extensão subjetiva não pode produzir efeitos senão em relação aos signatários. Segundo entendimento doutrinário, entre as condições gerais da ação arbitral inserem-se a legitimação das partes e o interesse de agir. Na arbitragem, a legitimação das

partes fica grandemente simplificada na medida em que só pode invocar juízo arbitral quem tiver firmado a convenção de arbitragem ou tiver saído vitorioso na ação de instituição de arbitragem. A Lei de Arbitragem fala em 'parte interessada' referindo-se à dupla qualidade de quem é parte no contrato e titular do interesse envolvido na controvérsia resultante dele [...]. Em suma, são sujeitos do litígio arbitral, única e exclusivamente, os que firmaram a convenção de arbitragem [...]. Em senso análogo, a 11ª Câmara de Direito Privado da mesma Corte bandeirante, ao apreciar o Recurso de Apelação n. 990.09.373821-0, deixou assentado, à unanimidade de votos, que, apesar de a arbitragem somente ser considerada válida se todos os contratantes e intervenientes participarem da mesma: "não se pode impor a eficácia da cláusula compromissária [sic] contra quem não manifestou a vontade de aderir a essa forma de solução de conflito".

Na mesma esteira, José Roberto Cruz e Tucci et al. destacam que

sob outro enfoque, de conformidade com o disposto no art. 485, inciso VII,[3] do CPC/2015, o juiz não resolverá o mérito na situação em que for acolhida a arguição "de existência de convenção de arbitragem ou quando o juízo arbitral reconhecer sua competência" (TUCCI et al., 2015, p. 7).

A convenção, pois, sob a novel legislação, continua sendo classificada como um pressuposto negativo de desenvolvimento válido e regular do processo. Ainda, no que se refere à arbitragem, mais recentemente, diante da significativa importância que a participação econômica do Brasil passou a ostentar no mundo globalizado, a despeito de a atual lei, vigente há duas décadas, ser vitoriosa e inclusive prestigiada pelos nossos tribunais, entendeu-se oportuno o seu aperfeiçoamento, procurando alinhá-la aos regramentos contemporâneos mais avançados, já colocados à prova na experiência jurídica internacional. No final do ano de 2012, foi nomeada pelo Senado Federal uma comissão composta por 21 juristas, sob a presidência do Ministro Luis Felipe Salomão, com a finalidade de elaborar anteprojeto de reforma da Lei de Arbitragem e de instituição da mediação. Passados alguns meses, a comissão concluiu dois anteprojetos – um propondo alterações na Lei de Arbitragem e o outro propondo a criação da mediação extrajudicial.

---

3   Art. 485, VII: "acolher a alegação de existência de convenção de arbitragem ou quando o juízo arbitral reconhecer sua competência".

XVIII MANUAL DOS MESCS

Aquele referente à arbitragem (PLS n. 406/2013) transformou-se na Lei n. 13.129/2015,[4] que alterou a Lei n. 9.307/96, tendo preservado, em linhas gerais, a sistemática já consagrada.

Contudo, além de alguns reparos formais e terminológicos, verifica-se que três vertentes governam as respectivas modificações, quais sejam: "a) ampliação objetiva da incidência da arbitragem; b) maior liberdade das partes na indicação dos árbitros; e c) delimitação da atividade do juiz togado até a instituição da arbitragem" (TUCCI, 2015, p. 7).

O CPC/2015, em relação ao fomento à solução consensual dos conflitos, em inúmeros preceitos, sugere a autocomposição. Dispõe, com efeito, o § 2º desse art. 3º que: "O Estado promoverá, sempre que possível, a solução consensual dos conflitos". Na opinião de Cândido Rangel Dinamarco, o

> Código de Processo Civil deixa perceber com toda clareza que assimilou esse conceito bastante amplo de meios consensuais, o que se manifesta logo em seu art. 3º, § 3º, segundo o qual: "a conciliação, a mediação e outros métodos de solução consensual de conflitos deverão ser estimulados por juízes, advogados, defensores públicos e membros do MP, inclusive no curso do processo judicial" – e o mesmo art. 3º, em seu § 1º, dispõe também, com nítida intenção didática, porque não seria necessário dizê-lo, que "é permitida a arbitragem, na forma da lei". E mais: "instalada a audiência (*seja qual for*), o juiz tentará conciliar as partes, independentemente do emprego anterior de outros métodos de solução consensual de conflitos, como a mediação e a arbitragem [art. 359 do novo CPC]. E ainda seu art. 139, V, chega ao ponto de erigir o incentivo às soluções consensuais em um dever do juiz, ao dizer que a este incumbe promover, a qualquer tempo, a autocomposição [leia-se mediação e conciliação], preferencialmente com auxílio de conciliadores e mediadores judiciais" (DINAMARCO, op. cit., p. 485-6).

José Rogério Cruz e Tucci et al. prelecionam, ainda, dentro dessa mesma análise:

> Dada a evidente relevância social da administração da justiça, o Estado deve mesmo empenhar-se na organização de instituições capacitadas a mediar conflitos entre os cidadãos. No Brasil, o Ministério da Justiça preocupa-se em fornecer os meios necessários a várias organizações não governamentais, que têm como missão precípua a instalação e gestão de sistemas alternativos de administração de controvérsias.

---

4   Publicação de 26 de maio; no entanto, passou a vigorar apenas após 60 dias do período de *vacatio*.

Comprometido com o sistema "multiportas" de solução dos litígios, o Conselho Nacional de Justiça, há alguns anos, instituiu a Semana Nacional da Conciliação, que constitui um esforço concentrado para conciliar o maior número possível de demandantes em todos os tribunais do país. Trata-se de uma campanha de mobilização, realizada anualmente, que envolve todos os tribunais brasileiros, os quais selecionam os processos que tenham possibilidade de acordo e intimam as partes envolvidas para solucionarem o conflito. É, com certeza, uma das principais ações institucionais do CNJ. A Resolução n. 125/2010,[5] do CNJ, dispõe sobre a Política Judiciária Nacional de tratamento adequado dos conflitos de interesses no âmbito do Poder Judiciário e dá outras providências (TUCCI et al., 2015, p. 7).

No Estado de São Paulo, merecem alusão os Centros de Integração da Cidadania, criados pela Secretaria da Justiça e da Defesa da Cidadania, o que se tornou uma realidade no novo CPC, que informa, no art. 174:

> A União, os Estados, o Distrito Federal e os Municípios criarão câmaras de mediação e conciliação, com atribuições relacionadas à solução consensual de conflitos no âmbito administrativo, tais como:
> I – dirimir conflitos envolvendo órgãos e entidades da administração pública;
> II – avaliar a admissibilidade dos pedidos de resolução de conflitos, por meio de conciliação, no âmbito da administração pública;
> III – promover, quando couber, a celebração de termo de ajustamento de conduta.[6]

Desse modo, de forma muito original, o CPC/2015 fomenta a criação, pelos entes públicos de câmaras de mediação e conciliação, com atribuições relacionadas à solução consensual de conflitos no âmbito administrativo, inclusive, nos tribunais pátrios.

---

5   Foi publicada e entrou em vigor na data de 29 de novembro de 2010.

6   Em segunda tiragem do *Código de Processo Civil comentado*, Nelson Nery Júnior entende que "há dúvida quanto à propriedade da inclusão deste dispositivo no CPC. Isto porque a disciplina das questões de processo administrativo não pode ficar a cargo do CPC, mas sim das normas que regulamentam esse tipo de questão em relação à União, Estados, Distrito Federal e Municípios. E isto porque o CPC é vinculado à tarefa judicante específica do Poder Judiciário, e suas disposições são aplicáveis ao processo administrativo apenas na existência de lacuna nas normas próprias desse tipo de processo. A existência de uma norma geral para o processo administrativo impede que o CPC disponha diretamente sobre questões vinculadas a esse tipo de processo" (NERY e NERY, *Comentários ao Código de Processo Civil*. São Paulo, RT, 2015, p.653).

XX MANUAL DOS MESCS

Neste diapasão, José Rogério Cruz e Tucci et al. informam que, além destas importantes iniciativas, que seguem tendência mundial, o art. 3º, § 3º do Código de Processo Civil recomenda de modo expresso a autocomposição, "que deverá ser implementada, na medida do possível e inclusive no curso do processo, 'por juízes, advogados, defensores públicos e membros do Ministério Público'" (TUCCI et al., 2015, p. 8).

Tanto a mediação como a conciliação pressupõem a intervenção de uma terceira pessoa, o que não ocorre na negociação ainda não positivada no país. Na mediação, esta tem a missão de esclarecer as partes para que elas alcancem a solução da pendência. Na conciliação, pelo contrário, o protagonista neutro se incumbe não apenas de orientar as partes, mas, ainda, de sugerir-lhes o melhor desfecho do conflito, ou seja, transacionando o conflito (arts. 840 a 850 do CC).

Nesta significativa perspectiva, continuam José Rogério Cruz e Tucci et al. muito mais enfáticos do que o autor anteriormente citado, o CPC recém--sancionado prevê ainda a criação de centros judiciários de solução consensual de conflitos, responsáveis pelas audiências de conciliação e mediação (art. 165, *caput*[7]); estabelece os princípios que informam a conciliação e a mediação (art. 166, *caput*[8]); faculta ao autor da demanda revelar, já na petição inicial, a sua disposição para participar de audiência de conciliação ou mediação (art. 319, VII[9]); estabelece o procedimento da audiência de conciliação ou de mediação (art. 334, *caput*[10]); e recomenda, nas controvérsias de família, a solução consensual, possibilitando inclusive a mediação extrajudicial (art. 694, *caput*[11]).

Não é preciso registrar que, à luz desse novo horizonte que se descortina sob a égide do CPC/2015, os aludidos operadores do direito não devem medir esforços em prol da composição amigável do litígio, sendo, inclusive, uma forma basilar de mudança paradigmática de como deve o operador do direito ser formado.

---

7 "Art. 165. Os tribunais criarão centros judiciários de solução consensual de conflitos, responsáveis pela realização de sessões e audiências de conciliação e mediação e pelo desenvolvimento de programas destinados a auxiliar, orientar e estimular a autocomposição."

8 "Art. 166. A conciliação e a mediação são informadas pelos princípios da independência, da imparcialidade, da autonomia da vontade, da confidencialidade, da oralidade, da informalidade e da decisão informada."

9 "Art. 319. [...] VII: a opção do autor pela realização ou não de audiência de conciliação ou de mediação."

10 "Art. 334. Se a petição inicial preencher os requisitos essenciais e não for o caso de improcedência liminar do pedido, o juiz designará audiência de conciliação ou de mediação com antecedência mínima de 30 (trinta) dias, devendo ser citado o réu com pelo menos 20 (vinte) dias de antecedência."

11 "Art. 694. Nas ações de família, todos os esforços serão empreendidos para a solução consensual da controvérsia, devendo o juiz dispor do auxílio de profissionais de outras áreas de conhecimento para a mediação e conciliação."

Abreviaturas

ACNUR – Alto Comissariado das Nações Unidas para os Refugiados
Ag. – Agravo
AgRg – Agravo Regimental
Ap. – Apelação
ApCv – Apelação Cível
CCI – Câmara de Comércio Internacional
CBAr – Comitê Brasileiro de Arbitragem
c/c – combinado com
CC – Código Civil (Código Civil de 2002)
CC/1916 – Código Civil revogado, de 1916
CCom – Código Comercial
CComp – Conflito de Competência
CDC – Código de Defesa do Consumidor
Cf. – confronte, conforme
CF – Constituição Federal
CLT – Consolidação das Leis do Trabalho
CNJ – Conselho Nacional de Justiça
Comecon – Conselho de Entreajuda Econômica
Conare – Comitê Nacional para os Refugiados
Conima – Conselho Nacional das Instituições de Mediação e Arbitragem
CPC – Código de Processo Civil de 2015
CVM – Comissão de Valores Mobiliários
Des. – Desembargador
DJ – Diário da Justiça

DJU – *Diário da Justiça da União*
DF – Distrito Federal
EC – Emenda Constitucional
ENFAM – Escola Nacional de Formação e Aperfeiçoamento de Magistrados
EUA – Estados Unidos da América (país)
FPPC – Fórum Permanente de Processualistas Civis
IA – Inteligência Artificial
IBGE – Instituto Brasileiro de Geografia e Estatística
ICSID – *International Centre for Settlement of Investment Disputes*
j. – julgado(a)
LINDB – Lei de Introdução às Normas do Direito Brasileiro (antiga LICC)
MESCs – Meios Extrajudiciais de Soluções de Conflitos
Min. – Ministro
MS – Mandado de Segurança
OAB – Ordem dos Advogados do Brasil
ODR – *On-line Dispute Resolution* (Resolução de Disputas *On-line*)
ONU – Organização das Nações Unidas
PPP – Parceria Público-Privada
PL – Projeto de lei
rel. – Relator(a)
REsp – Recurso Especial
RT – *Revista dos Tribunais*
SE – Sentença Estrangeira
SEC – Sentença Estrangeira Contestada
STF – Supremo Tribunal Federal
STJ – Superior Tribunal de Justiça
t. – tomo
TAESP – Tribunal de Arbitragem do Estado de São Paulo
TJDFT – Tribunal de Justiça do Distrito Federal e Territórios
TJRS – Tribunal de Justiça do Estado do Rio Grande do Sul
TJSP – Tribunal de Justiça do Estado de São Paulo
UPM – Universidade Presbiteriana Mackenzie
v. – volume

Sumário

Agradecimentos... VII

Apresentação da 1ª edição.. IX

Nota à 2ª edição XI

Sobre o autor XIII

Introdução.. XV

Abreviaturas...XXI

1. Noções gerais de solução de conflitos..................................... 1

2. Distinção entre autocomposição e heterocomposição........... 7
   Autocomposição 7
   Heterocomposição... 7

3. Meios extrajudiciais de solução de conflitos........................... 9

4. Dos meios extrajudiciais de solução dos conflitos em espécie 14
   Processo judicial 14
      Diferenças... 14
   Avaliação neutra 15
      Diferenças... 16
   Ouvidoria e *ombudsman*.. 17
      Diferenças... 17
   Negociação.. 18
      Diferenças... 19
   Outros meios extrajudiciais de solução de conflitos................. 19

XXIV MANUAL DOS MESCS

Rent-a-judge 20
Baseball arbitration 20
High-low arbitration 20
Dispute resolution board 21
Consensual building 21

5. Mediação 22

A aprovação legislativa – Lei n. 13.140/2015 22
Modelos de escolas de mediação 25
Ambientes 26
O advogado na mediação 27
Cláusula-padrão 28
Cláusula-padrão escalonada mediação-arbitragem 28
Cláusula-padrão escalonada mediação-Judiciário 28
Quem pode ser o mediador 29
A escolha do mediador 30
Dos tipos de mediação 31
    Mediação judicial 31
    Mediação extrajudicial 32
    Mediação prévia 32
    Mediação incidental 33
Das etapas da mediação 34
    Pré-mediação 34
        Início da sessão de mediação 34
        Definição das questões e estabelecimento de uma agenda 35
        Revelação dos interesses ocultos das partes 35
        Gerando opções de acordo 35
        Avaliação das opções para o acordo 36
    Introdução 36
    Relato das partes 36
    Sessão conjunta 36
Das técnicas de mediação 36
    Comediação 37
    Recontextualização 37
    Identificação das propostas implícitas 37
        Escuta ativa 37
        Técnicas para induzir à escuta ativa 37
    Construção de possibilidades 38
    Acondicionamento das questões e interesses das partes 38

Teste de realidade ou reflexão 38
Vantagens e princípios da mediação 38
Autonomia 39
Preservação dos laços entre as partes 39
Economicidade 39
Confidencialidade 40
Celeridade 40
Oralidade 41
Informalidade 41
Consensualismo 41
Boa-fé 41
Princípios do mediador 42
Independência 42
Imparcialidade 42
Aptidão 42
Diligência 42
Validação 43
Da mediação familiar 43
Do conceito de família e sua ordem social e legal 43
Problemáticas atuais sobre a família 45
Mediação no direito de família 46
Dos acordos comerciais internacionais resultantes da media-
ção – A Convenção de Singapura 48

6. Conciliação 50
Definição 50
Conciliação e transação 51
Classificação da conciliação: conciliação judicial e extrajudicial 52
Conciliação como meio extrajudicial de solução de conflitos ... 52
Planejamento da sessão 55
Momento prévio 55
Como proceder anteriormente à chegada dos participantes 56
Posicionamento das partes à mesa durante a conciliação . 56
Como receber as pessoas 57
Apresentação (abertura) 57
Exemplo de abertura 59
Esclarecimento ou investigação das propostas das partes 59
Criação de opções/escolha de opção 60
Negociação perante a conciliação 60

XXVI MANUAL DOS MESCS

Técnicas de negociação 60
    Identificação do problema 60
    Reformulação.. 61
    Conotação positiva do conflito..................................... 61
    Foco nos conflitos, e não nas pessoas 61
    Concentrar-se nos interesses 61
    Encontrar critérios objetivos 61
    Busca de opções de ganhos mútuos 62
Lavratura de acordo 62
O setor de conciliação em primeiro grau no Fórum João Mendes 62

7. Arbitragem 65
Definição do instituto... 65
Histórico da arbitragem 66
Arbitragem – resumo 72
Características da arbitragem 72
    Especialização 72
    Celeridade 73
    Concentração de atos 73
    Irrecorribilidade... 74
    Informalidade 74
Requisitos da arbitragem.. 74
    Capacidade 74
    Direitos patrimoniais disponíveis.................................. 75
Modalidades de arbitragem... 77
    Arbitragem interna e internacional 77
    Arbitragem *ad hoc* e arbitragem institucional 77
        Arbitragem *ad hoc*.. 77
        Arbitragem institucional.. 78
Instituição da arbitragem pelas partes 79
Convenção de arbitragem... 81
Cláusula compromissória.. 82
Cláusula compromissória cheia... 82
Cláusula compromissória vazia 83
Cláusula arbitral patológica.. 83
Compromisso arbitral.. 84
Características relevantes do compromisso arbitral............ 85
Obrigatoriedade do cumprimento da cláusula compromissória. 85
Adendo ao instrumento que institui a arbitragem 87

O árbitro 87
A importância da confiança no árbitro 88
A escolha de um ou de mais árbitros 89
Aquele que não poderá ser árbitro 90
A substituição do árbitro 91
O árbitro equiparado ao servidor público 91
Princípios da arbitragem 91
Autonomia das partes 92
Contraditório e ampla defesa 93
Igualdade das partes 94
Imparcialidade do árbitro 94
Garantia da imparcialidade do árbitro 95
Princípio do livre convencimento do árbitro 96
Princípio da conciliação 96
Os deveres do árbitro 97
Procedimento 98
Sentença arbitral 99
   Do prazo para a sentença 101
   Nulidade da sentença arbitral 101
   Efetivação da sentença arbitral 103
Reforma da Lei de Arbitragem 104
   Tutelas cautelares e de urgência – arbitragem antes da promulgação da Lei n. 13.129/2015 104
   Tutelas cautelares e de urgência – arbitragem após a promulgação da Lei n. 13.129/2015 106
   Interrupção da prescrição 107
   Lista de árbitros 107
   Sentenças parciais e complementares 108
   Carta arbitral 108
Homologação de sentença estrangeira 109
   Natureza da sentença estrangeira 109
   Teorias da homologação de sentença estrangeira 111
   Processo de reconhecimento perante a Justiça brasileira 112
   Pensão alimentícia 118
   Inadimplemento contratual 119
   Sentença arbitral estrangeira julgada por órgão competente – extinção sem julgamento de mérito 120
   Retificação de nome civil – homologação de sentença estrangeira 120

XXVIII MANUAL DOS MESCS

8. Arbitragem: as utilizações do instituto 122
A possibilidade de uso da arbitragem na recuperação de empresas 122
Procedimento 124
O procedimento arbitral no Mercado de Valores Mobiliários Brasileiro 124
O mundo globalizado e seu efeito no ensino jurídico 124
O mercado de capitais 125
A necessidade do procedimento arbitral no Mercado de Capitais 126
A utilização da arbitragem no âmbito das parcerias público-privadas 127
Arbitragem e o poder público 129
Utilização do procedimento arbitral na Lei de Sociedades Anônimas 132
A necessidade do júri técnico na arbitragem 133
O regime legal do advogado e a obrigatoriedade de sua atuação no procedimento arbitral 134

9. Arbitragem e as Olimpíadas de 2016 136

10. Das plataformas digitais – ODR e mediação *on-line* – Da Justiça 4.0 141

11. Da mediação em prol de refugiados 145

Referências bibliográficas 154
Índice alfabético-remissivo 159

CAPÍTULO 1

Noções gerais de solução de conflitos

A vida em sociedade gera a necessidade de regulação para existir. Isso porque, se é verdade a máxima que dá conta da impossibilidade de o ser humano viver de forma saudável estando isolado e sozinho, tão verdadeira é a afirmação que encerra a igual necessidade de o ser humano, para viver em sociedade e coexistir, precisar de regulação para sua vida social.

Conforme já adiantado, este Manual tem o sentido de tratar dos meios extrajudiciais de solução de conflitos (MESCs),[1] demonstrando que tais medidas têm o fito de representar um caminho célere e eficaz para o por vezes emperrado sistema de distribuição de justiça promovido pelo Estado.

Mesmo assim, antes de adentrar o empolgante universo dos MESCs, na doutrina americana intitulado *alternative dispute resolution* (ADR) tão relevante se faz instruir o leitor, informando-o quanto ao *modus operandis* que a maior parte da sociedade se convencionou a utilizar para a resolução de conflitos de interesses, traçando uma linha do tempo que alcance desde períodos remotos até os dias atuais, para, aí sim, demonstrar quão complexa foi a evolução histórica para sanar os entraves pela via judicial.

De antemão, vale a pena indicar que o presente desafio não objetiva entrar em minúcias acerca do desenvolvimento da via judicial comum ao longo do espaço temporal, mas sim apresentar a sua evolução até os tempos atuais, para então, mais adiante, abrir espaço para se mostrar o quão relevante são os métodos extrajudiciais de solução de conflitos.

---

1   O termo "método alternativo de solução de conflitos" foi trocado por "métodos extrajudiciais de solução conflitos" (MESCs), já que o termo "alternativo" é considerado pejorativo.

Bem, muitas são as teorias acerca da formação da sociedade assim como hoje a conhecemos. Hodiernamente, como é cediço, uma pessoa, antes mesmo de seu nascimento com vida, já tem para si resguardados certos direitos que são a ela destinados civilmente. Da mesma forma, já com vida, além do vultuoso conjunto de direitos que lhe é assistido, também lhe é delegado outro grande complexo de deveres da ordem civil, significando ambos – direitos e deveres – elementos que prosseguirão com esse ser até a sua morte.

Agora, esse entendimento tão natural que temos acerca de direitos, deveres e regramentos só existe porque foram todos eles se desenvolvendo ao longo dos tempos, com os seres humanos se relacionando entre si e buscando cada vez mais interações sociais.

Se nos socorrermos de históricos pensadores para discutir o homem, claramente o que se terá como produto serão depoimentos que destacam a realidade de o homem precisar viver em contato com outros para existir.

Para Battista Mondin, por exemplo, o homem é um ser sociável, pois tem a "propensão para viver junto com os outros e comunicar-se com eles, torná-los participantes das próprias experiências e dos próprios desejos, conviver com eles as mesmas emoções e os mesmos bens" (MONDIN, 1986, p. 154).

Segundo o mesmo autor, ele também é um ser político. A politicidade é "o conjunto de relações que o indivíduo mantém com os outros, enquanto faz parte de um grupo social" (MONDIN, 1986, p. 154).

Aristóteles acreditava que o homem é constituído de corpo e alma, de maneira que não poderia se autorrealizar, devendo criar vínculos com outros para satisfazer as suas vontades. Por esse motivo, considerava o homem fora da sociedade um ser superior ou inferior à condição humana: "O homem é, por sua natureza, um animal político. Aquele que, por natureza, não possui estado, é superior ou mesmo inferior ao homem, quer dizer: ou é um deus ou mesmo um animal" (ARISTÓTELES, 2006, p. 36).

Já para São Tomás de Aquino, mais adiante, o homem seria por natureza um animal político e social, devendo viver em sociedade: "O homem é, por natureza, animal social e político, vivendo em multidão, ainda mais que todos os outros animais, o que se evidencia pela natural necessidade" (AQUINO, 1979, p. 32).

Também para esse autor os casos de vida fora da sociedade são exceções, ele as enquadra em três hipóteses: a *mala fortuna* (má sorte), quando um indivíduo, por um infortúnio, passa a viver em isolamento, como é o caso de um náufrago; a *corruptio naturae* (corrupção da natureza), quando, por alienação mental ou anomalia, o homem é desprovido de razão e busca viver distanciado dos demais; e a *excellentia naturae* (excelência da natureza), que é a hipótese de o homem isolar-se buscando a comunhão com Deus e o seu aperfeiçoamento espiritual.

Mais à frente, os contratualistas surgem e se obstinam a explicar a formatação do Estado e o impulso associativo do homem. Figuras como Spinoza, Hobbes, Locke e Rousseau marcaram a época moderna e o conjunto de pensadores.

Para eles, em comum, há a negação do impulso associativo natural e, por outro lado, em verdade, a conjugação de interesses a partir de uma necessidade. Thomas Hobbes, em 1651, em sua célebre obra *Leviatã*,[2] por exemplo, ao tratar do aparecimento do Estado, fundamenta que, anteriormente a este, existia o homem no estágio que se convencionou chamar de "estado natural". Ou seja, se não havia a figura do Estado como ente, igualmente não existiam as normas e quaisquer formas de regramento. Assim, os indivíduos viviam sob o mais pleno ambiente de liberdades totais. Cada pessoa agia segundo suas vontades e interesses, absolutamente sem qualquer freio. Eventualmente, mais adiante, o homem teria percebido que se porventura ele fosse dotado de liberdade máxima, podendo agir como melhor lhe conviesse e sem qualquer regra ou consequência para os seus atos, qualquer outro homem poderia agir de igual método, de tal sorte que ao fim e ao cabo a própria raça humana estaria sob risco.

Dessa forma, em virtude do medo, o homem teria entendido por bem abdicar de certas liberdades, criando um ente superior ao indivíduo em si e fazendo concessões a tal ente, para que este pudesse cuidar de criar limites, normas e punições para os abusos, a fim de se manter a paz social. Portanto, para Hobbes, o Estado teria nascido da necessidade do homem de criar regras para que o indivíduo, em seu estado de natureza, não atentasse contra si mesmo.

Já Jean-Jacques Rousseau, em sua obra *Do contrato social*, publicada em 1762, entendeu que o homem é essencialmente bom e livre. A sociedade e o surgimento da propriedade privada foram o que, a rigor, teriam-no corrompido, gerando conflitos sociais. A alternativa percebida para lidar com os entraves teria sido a organização de um Estado que fosse conduzido pela vontade geral, e não por interesses e desejos particulares. Dessa forma, a via pela qual

---

2   A obra *Leviatã* trouxe para análise dos homens a visão estreita de Hobbes, vinculada a sua experiência de vida voltada para a ciência (especificamente as concepções sobre mecânica sustentadas por Galileu) e a política (defesa do racionalismo contra o transcendentalismo amparado na figura de um poder supremo e absoluto que impusesse normas de conduta regrada pelos homens), figuras estas que levaram Hobbes a questionar a ausência de poder (e sua necessária formulação), especialmente a inter-relação com a conduta do homem, a constituição de sociedades e a criação do Estado.

essa sociedade ganharia vida seria por intermédio do contrato social, de forma que cada pessoa transferiria ao Estado os seus direitos e coisas.

Por outro lado, John Locke, contemporâneo e partidário de Hobbes, reformulou a visão do chamado estado de natureza, principalmente em sua obra *Dois tratados sobre o governo civil* (1690), de onde reservou a visão de que o indivíduo seria mais importante e preexistente à própria sociedade, sendo certo que este autor se opunha à figura belicosa do homem a que aludia o *Leviatã*.

Para Locke, mesmo na aparente harmonia, o estado de natureza não estava isento de certos conflitos e disputas que somente a criação de uma sociedade política normatizada poderia resolver. Isso se deu com a celebração de um contrato social. Em suas palavras:

> Contudo, como qualquer sociedade política não pode existir nem subsistir sem ter em si o poder de preservar a propriedade e, para isso, castigar as ofensas de todos os membros dessa sociedade, haverá sociedade política somente quando cada um dos membros renunciar ao próprio poder natural, passando-o às mãos da comunidade em todos os casos em que não lhe impeçam de recorrer à proteção da lei por ela estabelecida (LOCKE, apud JAPIASSU, Hilton; MARCONDES, Danilo. *Dicionário básico de filosofia*, p. 165).

Sem adentrar nos pensamentos de diversos outros teóricos, se por um lado a conclusão seria no sentido de que em verdade não haveria um impulso associativo natural do homem, por outro lado somente a vontade humana justificaria a existência em sociedade. O indivíduo teria e tem a necessidade espiritual e material de conviver com seus iguais, assim como de se desenvolver e de se completar.

Acontece que, mesmo havendo a imposição de limites e de normas, o homem também tem por natureza os seus interesses, e é totalmente palatável a ideia de que mais de um indivíduo tenha o desejo de ter para si um bem para a sua satisfação pessoal. Igualmente, além de por vezes não ser concebível a disposição de bens e coisas a todos, em outras hipóteses pode o indivíduo meramente não atender ao disposto pelo Estado, ofendendo a norma e, em última instância, a própria sociedade.

Desde o passado mais longínquo até alcançar etapas mais atuais, na ocorrência de um conflito de interesses entre os particulares, a resposta se dava por meio da força entre a vítima e o ofensor, de modo que o citado Estado, ainda incipiente, intervinha quando o objeto do litígio tratava de aspectos religiosos. No período, a melhor forma de resolver as contendas era por meio do uso dos costumes.

CAPÍTULO 1 – NOÇÕES GERAIS DE SOLUÇÃO DE CONFLITOS   5

Mais adiante, em uma segunda fase, existiu o chamado arbitramento facultativo, a partir do qual a vítima, em vez de se valer da vingança individual ou coletiva contra o agente ofensor, entendia por bem receber uma indenização que parecesse razoável a ambos ou então escolher um terceiro que pudesse fixar tal indenização.

Como nem sempre os litigantes chegavam a um acordo e o uso da violência, tão presente no citado primeiro momento, se manteve costumeiro, houve o aparecimento, já na terceira etapa, do arbitramento obrigatório. Assim, o Estado, com atuação mais incisiva, passou a obrigar os indivíduos a escolherem o árbitro para que este determinasse a indenização a ser oferecida pelo ofensor, além de assegurar a execução da sentença proferida.

Por último, na quarta etapa, o Estado afastou o emprego da justiça privada, passando ele a ser de fato o solucionador dos conflitos de interesses surgidos entre os particulares, executando – se necessário fosse – a decisão à força.

Ou seja, o que se tinha em um espaço temporal deveras anterior era a autotutela, na medida em que o Estado, apesar de já existir, não era suficientemente forte para superar as vontades individuais dos litigantes. Imperava a lei do mais forte, a violência e a vingança, não existindo a figura do juiz alheio à contenda, tampouco uma decisão a ser imposta às partes.

Ultrapassado esse momento e observando-se a substituição da força pela razão, nasceu a autocomposição em resposta à autotutela, fazendo-se assim com que as partes abrissem mão de seu interesse ou ao menos de parte dele, na medida em que passaram a realizar o exercício de concessões recíprocas para se chegar à solução do conflito.

Por último, viu-se o atingimento da via atual, que confirma a heterocomposição. Por esta, a solução para o conflito se dá por meio de um terceiro alheio à lide. Por muitos anos, conforme dito, o Estado teve a exclusividade de buscar prover a sociedade com a distribuição de justiça. Com efeito, a vida em sociedade pressupõe também o rompimento do equilíbrio racionalmente almejado. Quando existe esse enquadramento, a máquina estatal lança mão do Poder Judiciário para oferecer as respostas à sociedade no intuito de fazer com que a paz social seja novamente atingida.

Ocorre, porém, que esse caminho deixou de ser lógico tendo em vista a saturação da via judicial, na medida em que o aparelho estatal não conseguiu mais dar conta de resolver os inúmeros litígios que com o tempo passaram a se avolumar nos recintos com esse fim. Muitas são as justificativas para tanto, que tratam desde a tendência beligerante do brasileiro – que por vezes se socorre do Judiciário, ainda que de forma descabida –, até os muitos entraves que o próprio procedimento processual ainda impõe e prolonga a resolução da contenda.

MANUAL DOS MESCS

Cândido Rangel Dinamarco entende que:

o crescente repúdio à ideia do monopólio da jurisdição pelo Estado converteu--se, em tempos modernos, em repúdio também à canalização de todos os conflitos às vias jurisdicionais, quer estatais, quer arbitrais. É muito forte a consciência de que não só por atos de terceiros se pode obter a solução de conflitos (juízes, árbitros – heterocomposição), mas também mediante a busca de entendimento pelos próprios sujeitos conflitados, com a participação de certos agentes facilitadores, que são o conciliador e o mediador (autocomposição). A arbitragem, a conciliação, a mediação constituem no direito moderno objeto de muita atenção da doutrina, com reflexos no direito positivo e, em alguma medida, também na experiência cotidiana (DINAMARCO, *Instituições de direito processual civil*, p. 483).

Seja como for, antes havidos como meios *alternativos* de solução de conflitos, os hoje mais corretamente intitulados *meios extrajudiciais de solução de conflitos* em um primeiro momento foram interpretados como resposta ao Poder Judiciário, atolado e com dificuldades para respirar. Atualmente, em razão de seus próprios méritos, muito mais do que como alternativa a esse cenário se consolidaram como efetivos instrumentos de resolução de conflitos, independentemente da situação que alcança o Poder Judiciário.

CAPÍTULO 2

Distinção entre autocomposição e heterocomposição

Autocomposição

A autocomposição consiste em um método de resolução de conflito pelas próprias partes que o vivenciam, sem a participação de outro agente no processo de pacificação do entrave. Percebe-se o despojamento unilateral de outrem da vantagem por este almejada. Não há, em tese, nenhum exercício de coerção pelos indivíduos.

É bem dizer que é um modo de solução que simplesmente se dá por meio dos próprios envolvidos, sem que eles se valham de uma terceira pessoa para defini-lo. Sua natureza jurídica nada mais é que um negócio jurídico bilateral, sem haver nenhuma jurisdição do mediador e do conciliador, por exemplo, já que a finalidade não é uma sentença e sim a autonomia de vontade das próprias partes que estruturam seus interesses. É caracterizado, como se verá mais adiante, por alguns meios de solução, sendo os mais consagrados a negociação, a mediação e a conciliação.

Heterocomposição

Já na heterocomposição, diferentemente do que ocorre na formatação imediatamente anterior, o litígio é resolvido por meio da intervenção de um agente exterior ao conflito original. Sendo assim, em vez de as partes isoladamente ajustarem a resolução do entrave que os circunda, o conflito fica submetido a um terceiro que formatará a decisão.

Como expoentes principais da heterocomposição tem-se a jurisdição comum, que se dá por meio da distribuição da justiça feita pelo Estado, e a arbitragem, que será mais bem delineada nos capítulos vindouros.

CAPÍTULO 3

Meios extrajudiciais de solução de conflitos

Os meios extrajudiciais de solução de conflitos (MESCs), já chamados de métodos alternativos de solução de conflitos, não trazem novidade no escopo das maneiras de se dirimir litígios e efetivamente resolvê-los. A rigor, esse tipo de iniciativa data de períodos dos mais longínquos, como da escrita cuneiforme, não evidentemente dotados dos particularismos e opções que os institutos atuais apresentam, mas ao menos naquilo que se refere à sua essência.

Os MESCs surgiram, portanto, como alternativas a um sistema judicante repleto de dificuldades materiais, com a ausência de desenvolvimento tecnológico e instrumentais que estivessem de acordo com o crescimento em outras esferas, e talvez como maior problemática a dificuldade do Poder Judiciário em atender a uma elevada demanda de processos que este recebia, de indivíduos ansiosos por respostas céleres e eficazes.

Os MESCs então significam uma possibilidade de obtenção de justiça que esteja distante da apreciação do olhar do Estado – até então agente com o monopólio do acesso às soluções de lides. Vale dizer que essa opção reúne absolutamente os mesmos elementos essenciais que compõem o Judiciário e reitera que a diferença pode estar no fato de que os MESCs podem apresentar as soluções de maneira mais veloz, evitando desgastes materiais e formais para as partes envolvidas.

Essas possibilidades e iniciativas não abarcam apenas a realidade brasileira. A utilização de institutos que modulam os MESCs já é efetuada em outras localidades há um largo período. Inclusive a mediação, por exemplo, ainda que por vias um pouco distintas das atuais, já era usada e a consagrada obra de Sun Tzu, *A arte da guerra*, documentou-a. Outrossim, o Édito Imperial de Hung-Hsi, na China, no século XII, determinou:

Ordeno que todos aqueles que se dirigem aos Tribunais sejam tratados sem nenhuma piedade, sem nenhuma consideração, de tal forma que desgostem tanto da ideia do Direito quanto se apavorem com as perspectivas de comparecerem perante um magistrado. Assim o desejo para evitar que os processos se multipliquem assombrosamente, o que ocorreria se inexistisse o temor de se ir aos Tribunais; o que ocorreria se os homens concebessem a falsa ideia de que teriam à sua disposição uma justiça acessível e ágil; o que aconteceria se pensassem que os juízes são sérios e competentes. Se essa falsa ideia se formar, os conflitos ocorrerão em número infinito e a metade da população será insuficiente para julgar os litígios da outra metade (apud GUILHERME, Luiz Fernando do Vale Almeida. In: Palestra EPM. Código distribuído aos alunos e magistrados).

Isso significa que as normas deveriam ser resguardadas aos estrangeiros, a quem as desconhecia e aos que conseguiam viver em harmonia e sob total respeito, fazendo-se com que não houvesse conflito e desequilíbrio; e uma manifestação qualquer nesse aspecto, que quebrasse o equilíbrio, tão logo deveria ser dirimida. Ou seja, a busca pelo tribunal era um sinal de deficiência da cultura e da sociedade chinesa.

Isso posto, os institutos, com todas as suas generalidades e especificidades, realmente não são novos, mas passaram a ser mais valorizados mormente em face do emaranhado de conflitos que o poder judicante tem a solucionar.

A eficiência dos mecanismos também é elevada. Não há que se falar em uso de um dos métodos como tentativa de burlar o sistema. O comprometimento das partes na busca pela resposta escorreita e a atuação dos agentes hábeis na promoção do método garantem a sua operacionalização eficaz e afastam o comportamento daquele que tenta tirar vantagem e que não acredita em um instrumento de justiça não estatal.

Antes de tudo, deve-se entender que existe uma grande gama de institutos de solução de conflitos extrajudiciais, mas até para a maior facilitação e para se reconhecer uma forma de classificá-los, cumpre apresentar o critério de separá-los a partir da intervenção ou não de um terceiro no sistema.

O fortalecimento do Estado, aliado à consciência de sua função pacificadora, conduziu à afirmação da quase absoluta exclusividade estatal no exercício da solução de conflitos. Nos dias atuais, inexiste exclusividade, contudo, pois são aceitos meios extrajudiciais de pacificação social. É importante ter em mente a ideia desse tipo de pacificação, seja por obra do Estado ou por outros meios, desde que eficazes, pois é crescente a percepção de que o Estado tem sido ineficiente na sua missão pacificadora.

CAPÍTULO 3 – MEIOS EXTRAJUDICIAIS DE SOLUÇÃO DE CONFLITOS 11

Quando estabelecida uma comparação entre as formas judiciais e as extrajudiciais, as vantagens destas últimas são inúmeras: celeridade do procedimento; menor custo; as partes escolhem o terceiro imparcial e, se quiserem, podem intervir no procedimento, possibilitando uma informalidade; participação soberana das partes nos conflitos.

Em algumas hipóteses, as sugestões e pareceres do terceiro não obrigam as partes, podendo estas aproveitá-las, parcial ou totalmente, assim como descartá-las completamente. Entre as formas extrajudiciais de solução de conflitos temos a transação, a mediação e a conciliação, além da arbitragem e outras.

A transação é uma forma de resolução dos conflitos por meio de negociações diretas das partes, que, após concessões recíprocas, estabelecem um acordo que permite solucionar o conflito de interesses.

É desnecessário que haja equivalência entre as vantagens e os ônus estabelecidos para cada parte. E, inexistindo concessões recíprocas, estaremos diante da renúncia ou da submissão, formas de manifestação unilateral das partes.

Já na mediação temos a intervenção de um terceiro que atua no processo sem ser parte e sem detenção do poder de decidir o conflito, pois deve apenas auxiliar as partes a encontrarem uma maneira satisfatória de colocarem fim ao litígio, chegando-se, assim, a uma transação (leiam-se arts. 840 a 850 do CC).

Conforme definição de Christopher W. Moore, a mediação é:

interferência em uma negociação ou em um conflito de uma terceira parte aceitável, tendo um poder de decisão limitado ou não autoritário, e que ajuda as partes envolvidas a chegarem voluntariamente a um acordo, mutuamente aceitável com relação às questões em disputa (MOORE, 1998, *passim*).

Como conclusão, temos o posicionamento de Lília Maia de Morais Sales, que traz a ideia de que a mediação possibilita uma transformação da "cultura do conflito" em "cultura do diálogo":

A mediação possibilita a transformação da "cultura do conflito" em "cultura do diálogo" na medida em que estimula a resolução das querelas jurídicas pelas próprias partes, nos casos que envolvem direitos disponíveis. A valorização dá-se em um ponto importante, eis que são elas os atores principais responsáveis pela resolução da divergência (SALES, 2016).

Seria a forma de solução de conflitos em que o terceiro, também chamado de mediador, intervém para conduzir as partes a um acordo. Seus elementos caracterizadores consistem em:

a) participação de terceiro imparcial – pessoa neutra interessada apenas na pacificação do conflito, possibilitando a existência de uma confiança entre as partes;
b) conflito – as pessoas precisam estar em conflito;
c) intenção de promover acordo para o fim do conflito – é desnecessária a efetivação do acordo, bastando as intenções das partes e do mediador para que se justifique ter havido a mediação;
d) não vinculação – todas as decisões são estabelecidas por meio de acordo entre as partes, de maneira que o mediador influencia na tomada das decisões, colaborando para que possam construir uma decisão satisfatória.

O terceiro interveniente facilitaria para as partes a solução da controvérsia. Para Maria de Nazareth Serpa, a atuação do mediador seria:

> um terceiro interventor, neutro, assiste aos disputantes na resolução de suas questões. O papel do interventor é ajudar na comunicação através de neutralização de emoções, formação de opções e negociação de acordos. Como agente fora do contexto conflituoso, funciona como um catalisador de disputas, ao conduzir as partes às suas soluções sem propriamente interferir na substância destas (SERPA, 1999, p. 90).

Diferentemente da mediação, na conciliação cabe ao terceiro propor e encaminhar soluções para o litígio, deixando a decisão para as partes. Nessa situação, o conciliador tenta fazer com que as partes evitem ou desistam da jurisdição, encontrando um denominador comum, quer pela renúncia, submissão ou transação.

Tal como na mediação, durante a conciliação não são praticados atos de jurisdição (declaração e aplicação do direito) pelo terceiro, por isso são encontradas algumas dificuldades na distinção entre os institutos. Entretanto, o papel do conciliador é mais ativo, sendo permitido interferir diretamente no mérito da disputa, uma vez que trabalha pelo convencimento da parte a encontrar uma saída para o conflito, em razão de uma perspectiva de direito, independente do grau de satisfação das partes quanto ao resultado construído por elas.

Já a arbitragem é uma forma de solução de litígios, referente a direitos patrimoniais disponíveis, por meio da intervenção de um ou mais árbitros que recebem poderes por meio de uma convenção privada, decidindo com base nessa convenção, sem a necessidade de o Estado intervir, cuja decisão assume a eficácia de sentença judicial e com a vantagem de ser irrecorrível.

Logo, para se ter arbitragem é preciso haver litígios que envolvam direitos patrimoniais disponíveis e uma convenção privada, ou seja, um compromisso arbitral. Direitos patrimoniais disponíveis são aqueles de caráter particular, que podem ser objeto de transação. Segundo Carlos Alberto Carmona:

> são aqueles bens que podem ser livremente alienados ou negociados, por encontrarem-se desembaraçados, tendo o alienante plena capacidade jurídica para tanto. Não estão no âmbito do direito disponível as questões relativas ao direito de família, e em especial ao estado das pessoas (filiação, pátrio poder,[1] casamento, alimentos) (CARMONA, 1998, p. 48).

A arbitragem não é um remédio jurídico capaz, por si só, de desafogar o Judiciário. Trata-se de mecanismo autônomo, apropriado para a solução de questões detidamente no âmbito dos bens patrimoniais disponíveis.

A resolução do conflito, por meio da arbitragem, possui algumas características específicas:

a) é efetuada por um terceiro ou por órgão colegiado escolhido pelas partes;

b) a sentença arbitral vincula as partes, e sua execução é passível junto ao Poder Judiciário; e

c) a escolha válida da arbitragem, para alguns, implica a exclusão do Estado na apreciação do mérito do conflito.

---

1   Atual poder familiar.

CAPÍTULO 4

Dos meios extrajudiciais de solução dos conflitos em espécie

Neste capítulo serão tratados todos os meios objeto do próprio livro.

Processo judicial

O processo judicial é o meio pelo qual o Estado recebe a função de intervir e de decidir em uma situação em que seja vislumbrada uma lesão ou uma ameaça de lesão. Sendo assim, o Estado confere ao Judiciário a atribuição de poderes para que este promova a distribuição de justiça.

Uma vez instaurado o processo judicial, são formalizados os polos – ativo (autor) e passivo (réu) –, além da presença do órgão judicante, o Judiciário, que incumbe ao magistrado a função de julgar a lide e de estabelecer uma sentença que a finalize.

São observados princípios basilares que asseguram a possibilidade da revisão do que fora decidido e, ainda, a possibilidade de um processo justo, imparcial e democrático, com ampla defesa a ambas as partes, sendo também presidido por uma autoridade competente, com o uso de técnicas, opiniões de pessoas especialistas no tema específico da lide (peritos), provas e afins para que se alcance a justiça.

Diferenças

Com tudo o que foi apresentado até agora, sabe-se que o Estado, desde períodos mais longínquos, é o ente que concentra em si a responsabilidade e a capacidade para intervir nas ações envolvendo pessoas, de qualquer gênero.

CAPÍTULO 4 – DOS MEIOS EXTRAJUDICIAIS DE SOLUÇÃO DOS CONFLITOS EM ESPÉCIE   15

Pautado em questões organizacionais, racionais ou religiosas, o Estado tem poderes para atuar e para procurar resolver os conflitos que ofendem a sociedade ou que alcançam os particulares. Dessa feita, buscando analisar as diferenças entre os métodos extrajudiciais de solução de conflitos e o processo judicial, percebe-se que as semelhanças estão mais relacionadas à essência entre eles do que em relação aos próprios meandros de cada sistema.

Uma diferença substancial entre ambos, isto é, na dinâmica de atuação dos mecanismos, é o fato de que no sistema convencional existe sempre a possibilidade de uma revisão daquilo que foi definido pelo juiz ou por um grupo colegiado, o que, por outro lado, não ocorre com os chamados MESCs.

Seguindo adiante, pelo sistema dos MESCs, tanto na conciliação como na mediação – ainda que no primeiro caso, o da conciliação, exista uma atuação mais proativa do conciliador –, o conciliador e o mediador naturalmente são agentes que atuam de maneira mais sensível e menos decisória do que em relação ao juiz, que efetivamente determina as questões no processo judicial comum.

Nelson Nery Jr. entende que o correto na conciliação e na mediação extrajudicial, de acordo com o novo CPC:

> é que as partes escolham seu conciliador ou mediador, e apenas no caso de não haver acordo a respeito é que se distribuirá a questão aos profissionais inscritos no tribunais. A escolha poderá recair sobre pessoas ou instituições criadas justamente com o fim de promover a conciliação e a mediação, de forma semelhante ao que ocorre com as câmaras arbitrais (op. cit., p. 653).[1]

Avaliação neutra

A avaliação neutra também é chamada de avaliação antecipada. Consiste em um processo em que um terceiro imparcial é escolhido pelas partes, de

---

1   V. arts. 174 e 175 do novo CPC: "Art. 174. A União, os Estados, o Distrito Federal e os Municípios criarão câmaras de mediação e conciliação, com atribuições relacionadas à solução consensual de conflitos no âmbito administrativo, tais como: I – dirimir conflitos envolvendo órgãos e entidades da administração pública; II – avaliar a admissibilidade dos pedidos de resolução de conflitos, por meio de conciliação, no âmbito da administração pública; III – promover, quando couber, a celebração de termo de ajustamento de conduta. Art. 175. As disposições desta Seção não excluem outras formas de conciliação e mediação extrajudiciais vinculadas a órgãos institucionais ou realizadas por intermédio de profissionais independentes, que poderão ser regulamentadas por lei específica. Parágrafo único. Os dispositivos desta Seção aplicam-se, no que couber, às câmaras privadas de conciliação e mediação".

MANUAL DOS MESCS

comum acordo, emitindo um laudo ao final de sua apreciação para orientar as decisões que deverão ser tomadas.

A sua utilização tem um sentido mais protetivo e é feita quando, ao final das negociações entre as partes, ainda se visualiza um cenário de impasse. Assim, antes mesmo de se utilizar algum dos MESCs, por exemplo, ou a via judicial ordinária, as partes têm para si a emissão de um laudo ou apenas a opinião de um especialista que pontua elementos relevantes para a demanda.

Geralmente, diga-se, a avaliação gera muito mais confiança para as partes, que passam a entender que as soluções propostas são razoáveis, e o acordo que é feito costuma alcançar muito mais respaldo, porque o avaliador, que é um ente neutro, configura-se em um especialista na matéria objeto da discussão.

Por último, é um sistema que tem natureza sigilosa – inclusive em relação ao juiz – e tem como mote único orientar os litigantes para que consigam chegar a um acordo, uma decisão amistosa a ambos.

O avaliador, naturalmente, deve ser uma pessoa em que ambas as partes confiem. Isso é relevante porque a avaliação neutra não tem poder vinculativo para as partes, de tal sorte que a sua eficácia depende da autoridade do avaliador e do quão importante os litigantes entendem a qualidade técnica ou a justiça de sua opinião.

Diferenças

Isso posto, tratando das diferenças nos meios extrajudiciais de soluções de conflitos entre si, bem como pondo-os em comparação, todos eles, com a via judicial ordinária, torna-se necessário considerar alguns pontos.

Primeiro, rememorando, a avaliação neutra significa a escolha de uma pessoa equidistante por parte dos litigantes, que tenha experiência, bagagem e *know-how* em determinada matéria para colaborar com a emissão de um parecer com o seu ponto de vista. Citado parecer consiste em um laudo para que ambas as partes entendam melhor aquilo que está acontecendo e o que está por vir.

Portanto, ao se estabelecer as diferenças em relação aos outros institutos dos MESCs e também ao processo judicial, fica razoavelmente simples de se orientar pelas distinções entre sistemáticas. O avaliador neutro atua antes de ser instaurado de fato algum dos MESCs. Ou seja, ele não age mediando algum tipo de situação. Da mesma forma, não atua de maneira a conciliar as partes e, por último – distanciando-se ainda mais da arbitragem ou da via judicial ordinária –, não decide em prol de um ou de outro. Com efeito, ele somente emite um laudo apontando prós e contras, distinções e repercussões.

Ouvidoria e *ombudsman*

A rigor, trata-se de temas que se entrelaçam e que se assemelham. Ocorre dessa forma porque no Brasil, por exemplo, muitos dos que analisam as atuações dizem que a figura do *ombudsman* apenas recebe nome distinto do do ouvidor, sendo então, para aqueles, na prática, fazedores das mesmas tarefas. Inclusive, há quem afirme que a diferença está simplesmente no fato de que o *ombudsman* seria pessoa investida das mesmas funções, só que com o diferencial de se tratar de entidade privada aquela que recebe as suas tarefas. Já o ouvidor, por seu turno, atuaria da mesma forma, mas no âmbito das instituições públicas.

Na prática, o que se tem é que tanto o ouvidor como o *ombudsman* são agentes que devem receber as informações geralmente provenientes do consumidor ou do cliente, tratando sobre críticas contra a própria entidade e aceitando sugestões. Então, o *ombudsman* ou o ouvidor teriam a função de disseminar dentro da instituição, às pessoas com capacidade decisória, essas informações a fim de aprimorar o serviço daquela entidade.

Desse modo, acabam sendo agentes que acima de tudo funcionam como receptores de informações e que direcionam as problemáticas aos que podem aprimorar a atuação da instituição. Vale dizer que normalmente são as pessoas que mais sugerem e recomendam uma linha de atuação dentro da organização, buscando influenciar o *modus operandi* das entidades. Portanto, é importante que sejam indivíduos dotados de capacidade de transitar entre os agentes com poder decisório naquela organização.

Diferenças

Levando-se em consideração tais observações e relembrando as atuações dos MESCs e do Judiciário, é fácil notar que tanto o *ombudsman* como o ouvidor não se enquadram, na prática, em nenhuma das cadeias. A rigor, são catalisadores da comunicação entre a empresa ou órgão público e o cliente consumidor final, não existindo um conflito entre esse consumidor e a organização. Referem-se a queixas, reclamações ou sugestões elaboradas por pessoas que chegam ao ouvidor ou ao *ombudsman*, devendo estes, a seguir, encaminhá-las ao corpo diretivo das entidades. Não existe um mediador ou um conciliador – e muito menos um árbitro ou um juiz –, até porque não há, de um lado, o consumidor guerreando e, de outro, a instituição atacando e se defendendo.

Não obstante, como arremate, também é interessante notar que o *ombudsman* e o ouvidor não seriam, na verdade, um terceiro alheio à disputa, como no caso dos demais institutos. Tanto o ouvidor como o *ombudsman*, "bem ou mal", trabalham na própria entidade que está recebendo geralmente as alegações contra si.

A partir do presente momento, este Manual tem o propósito de oferecer ao leitor uma análise muito mais profunda em relação a cada um dos institutos que a obra procura discutir.

Negociação

A negociação divide posições quanto à sua interpretação como um meio extrajudicial de solução de conflitos ou não. Na prática, sendo interpretada como um instituto pertencente aos MESCs, é o único que não contém em sua essencialidade o uso de um terceiro, distante das partes litigantes, como ente corroborador com a justiça e com a finalização da lide.

Na negociação, os agentes em embate "se encontram diretamente e, de acordo com as suas próprias estratégias e estilos, procuram resolver uma disputa ou planejar uma transação, mediante discussões que incluem argumentação e arrazoamento" (TAVARES, 2002, p. 42).

É deveras ágil o desenlace por esse método, pois, como assegura José Maria Rossani Garcez, "sendo personalíssimo, preserva a autoria e a autenticidade dos negociadores na solução de seus próprios conflitos, não existindo nada mais adequado e duradouro do que uma solução autonegociada" (GARCEZ *apud* BONFIM; MENEZES, 2008, p. 9).

A negociação é um procedimento dinâmico em que as partes procuram chegar a um acordo que possa satisfazer a ambas, de modo que é necessária a contribuição de cada uma, possivelmente com concessões ou o recebimento de elementos, até que seja encaminhada uma composição.

É salutar reafirmar que, uma vez que não exista a mediação de um terceiro na relação, o comprometimento das partes no entrave, com o objetivo de se finalizar a contenda, é deveras essencial.

Além disso, tendo em vista as diferenças de opiniões que colocam ou não a negociação como um meio extrajudicial de solução de conflitos, muitos teóricos interpretam a negociação como apenas uma técnica. Seja como for, mesmo esses estudiosos asseveram que a técnica faz parte do conjunto de atividades que norteiam os MESCs.

Nesse sentido, denotando a relevância cada vez maior dos MESCs em geral e em particular da negociação, observemos a decisão do Tribunal de

CAPÍTULO 4 – DOS MEIOS EXTRAJUDICIAIS DE SOLUÇÃO DOS CONFLITOS EM ESPÉCIE   19

Justiça do Estado de São Paulo (TJSP) que, em 2012, abraçou o mecanismo de negociação:

> Cobrança. Serviços educacionais. Preliminar. Carência da ação. Inocorrência. A via monitória é faculdade do autor, que pode escolher a via ordinária. Ausência de prejuízo à defesa. Aliás, o procedimento comum de cobrança é menos oneroso ao devedor. Cerceamento de defesa. Ausência de designação de audiência de conciliação. Inocorrência. Abuso de direito não configurado. Incidência de correção monetária e juros de mora sobre o débito é decorrência do inadimplemento. Ajuizamento da demanda precedido de negociações, inclusive com adoção de meio alternativo de solução de conflito. Pedido de revogação do benefício da justiça gratuita em contrarrazões. Inobservância do procedimento eleito na Lei n. 1.060/50. Não conhecimento. Recurso improvido. (TJSP, Ap. n. 0112347-21.2010.8.26.0100, rel. Juiz Hamid Bdine, j. 18.10.2012)

Diferenças

Em que pese o fato de se tratar de um procedimento dinâmico que procura atingir, como fim, a paz entre os envolvidos, como diferença fundamental para os MESCs, como exposto, não existe a participação de um terceiro agindo de modo a dirimir a controvérsia. Isso, portanto, também separa a negociação da instância judicial ordinária, porquanto não se enxerga a definição do conflito por um terceiro, tampouco meios de se recorrer da definição que o magistrado ofereceria.

Outros meios extrajudiciais de solução de conflitos

Além de todos os instrumentos citados, há outros meios extrajudiciais de solução de conflitos também vislumbrados como tais, mas que não recebem a mesma atenção no cenário nacional no presente momento. Abaixo ficam listados alguns segmentos que merecem destaque.

Outrossim, são dignos de aplausos os excelentes apontamentos e trabalhos realizados pela parceria entre o Ministério da Justiça e o Conselho Federal da Ordem dos Advogados do Brasil ao muito bem desenvolverem o *Manual de mediação de conflitos para advogados*. Entre as assertivas, fica o exemplo do elogiável trabalho realizado por Francisco Maia Neto, no capítulo "Diferentes formas de se lidar com uma controvérsia," no qual o autor em muito contribui ao elencar meios paralelos de solução de conflitos extrajudiciais.

Rent-a-judge

Conforme bem sinaliza o autor, em linhas gerais, é conhecido como uma espécie de meio-termo entre a arbitragem e a via judicial padrão, sobretudo naquilo que se refere à formalidade. Pelo *rent-a-judge*, os litigantes apresentam o caso a um juiz de um tribunal privado, mas com todo o aparelhamento do processo judicial. Os juízes do *rent-a-judge* são normalmente magistrados aposentados ou advogados, autorizados pela corte. É um meio também intitulado *private judging*.

Baseball arbitration

Novamente, tomando por base a ideia central do autor, é mais bem interpretada como uma ramificação da arbitragem. Pela *baseball arbitration*, as partes apresentam ao árbitro uma oferta e, após uma audiência final, o árbitro deverá selecionar uma delas, sem alteração. O que se vê, então, é a decisão do árbitro limitada ao lançado pelas partes.

Ainda como distinção, há a *day baseball arbitration* e a *night baseball arbitration*. Quer dizer que, pela primeira, as partes apresentarão a sua melhor oferta ao árbitro, que escolherá aquela que ele julgar mais adequada ao caso. Já pela segunda opção – a *night baseball arbitration* –, as partes formularão as suas ofertas, que não ficarão visíveis nem ao árbitro, de tal modo que este formulará a sua convicção sobre o caso e, em seguida, ao analisar as ofertas, julgará aquela que mais se aproxime de sua decisão já proferida.

Como informação, a *baseball arbitration* – em qualquer que seja a modalidade – recebe essa nomenclatura por conta de sua utilização em contratos de natureza esportiva de atletas do *baseball*.

High-low arbitration

Novamente em relação à arbitragem, as partes aqui chegam a um valor monetário que julgam mínimo para o caso que as interliga, de tal modo que, se por acaso a definição do árbitro conferir importância valorativa inferior àquela que eles estipularam, fica estabelecida a limitação da decisão, passando a valer aquele dado anteriormente estipulado pelas partes.

Dispute resolution board

É elaborado um painel decisório, normalmente composto por três especialistas eleitos previamente ao procedimento. Os especialistas então, periodicamente, reúnem-se a fim de acompanhar a execução de um determinado contrato, sendo possível antever um problema e, se ele de fato vier a ocorrer, oferecer uma resposta em tempo hábil.

Consensual building

Vem a ser uma espécie de mediação que envolve muitas partes, também apresentando questões bastante complexas e múltiplas. É mais comum para questões ambientais, sendo também presenciada para as situações com disputas públicas em uma comunidade e alcançando questões também em nível internacional.

CAPÍTULO 5

Mediação

A aprovação legislativa – Lei n. 13.140/2015

Antes de adentrar o estudo da mediação propriamente dito, é fundamental informar que o ano de 2015 foi marcante para os MESCs na medida em que o Poder Legislativo pátrio deu novo passo em direção aos entendimentos mais modernos de resolução de entraves. O ano de 2015 significou nova vitória para os meios extrajudiciais de solução de conflitos. Isso porque foi aprovado o Projeto de Lei que tratava do instituto da mediação, dando luz à Lei n. 13.140/2015 que dispõe sobre a mediação entre particulares como meio de solução de controvérsias e sobre a autocomposição de conflitos no âmbito da administração pública.

Conforme adiante se verá, outro diploma legal já vem solidificando os MESCs e os posicionando de forma contumaz como meio de resolução de litígios. A arbitragem foi o primeiro expediente virtuoso em território nacional que atingiu tal *status*.

A mediação, agora, recebe espaço dos mais merecidos. Se era verdade que anteriormente ao ano de 2015 o instituto já existia tanto na esfera judicial como na via extrajudicial, colaborando com a sanação de crises de interesses e, em última instância, com a Justiça, com a positivação da prática o que se tem é um instituto com mais arestas aparadas e que efetivamente faz parte da dinâmica de distribuição de justiça no país.

É evidente que o expediente ainda conta com lacunas que o tempo se incumbirá de apresentar, mas certamente a feitura da lei se posiciona como um ingrediente relevante para que o instituto seja ainda mais vislumbrado.

CAPÍTULO 5 – MEDIAÇÃO   23

Em *Ética a Nicômaco*, Aristóteles afirma que:

Quando ocorrem disputas as pessoas recorrem a um juiz, e ir ao juiz é ir à justiça, porque se quer que o juiz seja como se fosse a justiça viva; e elas procuram o juiz no pressuposto de que ele é uma pessoa "equidistante", e em algumas cidades juízes são chamados de mediadores, no pressuposto de que, se as pessoas obtêm o meio-termo, elas obtêm o que é justo. O justo, portanto, é equidistante, já que o juiz o é (ARISTÓTELES, apud GUILHERME, Luiz Fernando do Vale de Almeida. *Manual de arbitragem*, 2013, p. 23).

Comenta Vezzulla que:

mediação é a técnica privada de solução de conflitos que vem demonstrando, no mundo, sua grande eficiência nos conflitos interpessoais, pois com ela, são as próprias partes que acham as soluções. O mediador somente as ajuda a procurá-las, introduzindo, com suas técnicas, os critérios e os raciocínios que lhes permitirão um entendimento melhor (VEZZULLA, 1998, p. 15-6).

Acrescenta Augusto Cesar Ramos os seguintes pontos marcantes da mediação: "Rapidez e eficácia de resultados; redução do desgaste emocional e do custo financeiro; garantia de privacidade e sigilo; redução da duração e reincidência de litígios; facilitação da comunicação etc." (RAMOS, 2002, p. 43)

O termo *mediação* atinge as realidades sociais e econômicas mais díspares. Refere-se a um mecanismo confidencial e voluntário de gestão de litígio a partir do qual as partes recorrem a um terceiro que deverá agir de modo imparcial e independente, com o propósito de dirimir o conflito.

Baseia-se, com efeito, na efetivação da arte da linguagem para possibilitar o nascimento ou a recriação de um enlace entre pessoas. Significa a intervenção de um terceiro neutro buscando a intermediação da relação conflituosa. Ele, o mediador, operacionaliza a comunicação. Auxilia no resgate ao diálogo até uma solução. O que se tem, ao final, é o mediador atuando como um facilitador e trabalhando a comunicação e a relação, mas, sobretudo, com as partes chegando a um acordo por elas mesmas.

A mediação pressupõe um conjunto de técnicas, valores e habilidades que devem ser desenvolvidos em cursos de capacitação e de práticas supervisionadas, englobando abordagens, modelos ou escolas de mediação. Para atuar como mediador, é certo que o terceiro deverá apresentar aptidões que facilitem o diálogo ao longo do procedimento, a começar por melhor denotar as explicaçoes e os compromissos iniciais, sequenciando com narrativas e escutas alternadas, por exemplo. A seguir, podem ser elaboradas recontextualizações e resumos com o objetivo de construir a compreensão e migrar das posições antagônicas para aquelas mais harmoniosas.

O mediador, em suma, colabora com os mediandos em plano de igualdade, para que pratiquem uma comunicação construtiva e para que identifiquem seus interesses e necessidades.

Ainda apresentando os contornos da temática, a mediação é um meio fundamentado em práticas, em problematizações, sempre norteadas por procedimentos calcados na psicologia, no direito, na sociologia e na filosofia da linguagem e na teoria dos sistemas.

Extrapolando em certa medida a mediação no âmbito extrajudicial – mote do presente trabalho, o qual já será revisitado em instantes –, no âmbito judicial, com a Resolução n. 125/2010 do Conselho Nacional de Justiça (CNJ),[1] em linhas gerais, a mediação é tida como instrumento efetivo de pacificação social, solução e prevenção de litígios, que tem como finalidade reduzir a judicialização dos conflitos de interesses e, por consequência, o número de recursos e execuções de sentenças.

Por esse motivo, é notável a preocupação do poder público com o regramento da mediação judicial. O CNJ, na mesma Resolução, traz diversas diretrizes a serem observadas na mediação judicial, tais como normas que visam o desenvolvimento e a capacitação dos mediadores judiciais; o cadastramento destes e as normas e os princípios que tendam a reger a mediação nos tribunais, nas Câmaras Privadas de Conciliação e Mediação ou em órgãos semelhantes. Os citados mediandos não devem agir como se fossem oponentes em uma batalha, mas sim como corresponsáveis pela solução da disputa, contando sempre com o auxílio do mediador. E é importante fazer essa ressalva que também denota o papel substancial dos litigantes na medida em que, na prática, conforme se verá mais a fundo a seguir, eles, mediandos, é que de fato alcançam ou não a solução da controvérsia por esse método. Isso porque, diferentemente do que ocorre na conciliação, o mediador tem um papel de facilitador da comunicação e de criador de um regime de cooperação e de aproximação, não atuando decisivamente e essencialmente na resolução do entrave, assim como acontece de maneira mais clara na conciliação e mais ainda na arbitragem, já que na última o árbitro efetivamente decide a contenda.

---

1   Entende-se que a Resolução n. 125/2010 deve ser lida como um estímulo a todos os meios extrajudiciais de solução de conflitos, e não só a conciliação e mediação, objeto das disposições dessa resolução.

Modelos de escolas de mediação

Enveredando mais a fundo acerca da mediação, do ponto de vista de sua linguagem acadêmica, há considerações que podem ser feitas para melhor situar o leitor quanto à sistemática. Para tanto, abraçando mais alguns ensinamentos propostos pelo *Manual de mediação de conflitos para advogados*, Carlos Eduardo Vasconcelos sintetiza boa parte das lições a respeito das reconhecidas escolas de mediação, que serão observadas com maior detalhamento.

Assim, existem atualmente diversas escolas de mediação, sendo as mais citadas a mediação facilitativa (também intitulada linear, tradicional ou de Harvard), a mediação avaliativa (mais bem definida como conciliação, a ser lida mais adiante), a mediação transformativa e a circular-narrativa.

Parece lógico, mas é de se comentar que a escolha da mediação depende da natureza do conflito, da realidade socioeconômica e também cultural dos envolvidos, sendo importante destacar que mesmo um modelo eleito para acompanhar o caso poderá ser alterado ao longo do procedimento, se porventura se entender como mais conveniente.

A mediação facilitativa e a mediação avaliativa (conciliação) também têm hora e vez nas questões de âmbito judicial, mas, mesmo nos imbróglios extrajudiciais, são mais bem recepcionadas quando as questões versam sobre patrimônio, questões pontuais ou entre protagonistas que não mantêm relação continuada. Na prática, toda forma de mediação tem como sentido facilitar o diálogo, mas os modelos destacados são os mais adequados quando os pontos que envolvem sentimentos não são os mais fundamentais.

Na mediação avaliativa (conciliação), como já destacado, o mediador/conciliador tem papel mais incisivo, podendo fazer muito mais sugestões. Nesse sentido, quando a discussão trata do aspecto negocial e empresarial, por vezes os mediandos optam mais pela conciliação (mediação avaliativa), pois que já buscam análises de peritos e observações mais técnicas; daí as sugestões do conciliador serem mais bem aceitas e aguardadas.

De todo modo, destaque-se que as partes também podem, sim, eleger a mediação facilitativa ou mais convencional e pura, exatamente por terem em vista a escolha de um terceiro realmente imparcial, que auxiliará no melhor diálogo entre as partes, mas não interferindo de nenhum modo. Isso, portanto, pode ser entendido também como um elemento interessante.

Mais adiante serão circundados os aspectos mais latentes da mediação que envolve a família, estabelecendo-se assim a mediação familiar. Mas também é relevante já posicionar os outros modelos de mediação que se têm mais em prática. Desse modo, a mediação transformativa e a mediação circular-narrativa são as mais adequadas para litígios em que os litigantes mantêm ou já tiveram relações continuadas, envolvendo, por exemplo, o aspecto sentimental e interesses familiares ou mesmo entre vizinhos, sócios e colegas de trabalho.

Dando continuidade e pontuando mais a fundo, a mediação transformativa não impõe regras prévias, mas deve ter como interesse a plena liberdade das partes na construção do procedimento passo a passo, ensejando o fortalecimento dos protagonistas. Geralmente o mediador se vale de resumos e de espelhamentos que estimulam a compreensão do contexto.

Por último, a mediação circular-narrativa procura desconstruir os enlaces que as partes evidenciaram para reconstruí-los a seguir. Isto é, trata-se de uma prática em que se estimula a desconstruir a narrativa inicial para se construir em seguida uma nova linguagem, uma nova história, menos litigiosa e mais auspiciosa para as partes. Dessa forma, desde a primeira reunião, o mediador passa a trabalhar com apresentações alternativas para as partes, sempre ressaltando o problema existente e que deve ser combatido pelos mediandos. Assim, a proposta é no sentido de que os envolvidos devem atacar conjuntamente o problema, e não a si (mediandos) mesmos.

Conforme orienta Carlos Eduardo Vasconcelos, "a escuta das narrativas alterna-se com as perguntas, com as conotações positivas e as reformulações. Desde a primeira reunião conjunta, logo após os esclarecimentos e recomendações iniciais, o mediador solicita a apresentação de alternativas, já trabalhando a circularidade e a interdependência, pois conota negativamente o problema; qual seja, o problema deve transformar-se na ameaça a ser enfrentada pelas partes. Os dois ou mais mediandos devem enfrentar o problema e não enfrentar-se entre eles".[2]

Esse modelo pode ser mais custoso financeiramente para as partes, se houver uma equipe de mediadores que observam o procedimento em uma espécie de câmara ou na própria sala de mediação, atuando, inclusive, de modo a se reunir e a conversar com os mediandos, que apenas os ouvem.

Ambientes

A mediação também pode ser familiar (mais bem visualizada a seguir) quando lida naturalmente com questões no âmbito da família; ou comunitária,

---

2 VASCONCELOS, Carlos Eduardo. *Manual de mediação de conflitos para advogados*, 2014, p. 42. Disponível em: http://www.adamsistemas.com/wp-content/uploads/adam-_manual_med_adv.pdf. Acesso em: 20 dez. 2021.

atinente a conflitos que tratem de disputas de vizinhança, por exemplo. Também pode ser de natureza empresarial, quando diz respeito a litígios em uma mesma empresa ou entre organizações distintas; escolar, na hipótese em que os ambientes são instituições de ensino, inclusive quando praticada entre alunos.

Enfim, são esses alguns espaços em que a mediação se aloca, mas é possível se referenciar à mediação ocorrendo em outros tantos ambientes, assim como, evidentemente, mesmo em sede judicial, quando aí não mais se obedecerá a modulação de mediação como um meio extrajudicial de solução de conflitos.

O advogado na mediação

Consagrando e aplaudindo a relevância da mediação e da negociação – em última análise, dos demais meios de solução de conflitos –, o próprio Código de Processo Civil brasileiro de 2015, em vigor a partir do ano de 2016, dispõe já em seu Capítulo I, entre as Normas Fundamentais do Processo, que o Estado promoverá, sempre que possível, a solução consensual dos conflitos e que a mediação e a conciliação, entre outros métodos, deverão ser estimulados por magistrados, advogados, membros do Ministério Público e defensores públicos, também no curso do processo judicial.[3]

Antes de tudo, isso vem a significar como o próprio Estado cada vez mais percebe a importância de se promover uma cultura mais colaborativa, menos beligerante e que eleve as práticas mais modernas de solução de litígios.

Posto isso, também se questiona como será desempenhado o papel dos advogados em relação à mediação. Existe uma multiplicidade de opções de acesso à justiça e sabe-se que vigorosos advogados estão aos montes no mercado. Mas não necessariamente os mais preparados e atentos aos novos hábitos são tão facilmente encontrados.

O advogado pode, por exemplo, seguindo a advocacia colaborativa, sugerir a contratação do já explicado avaliador neutro, o qual emitirá laudo que poderá mais adiante esclarecer dúvidas e aspectos da disputa que se alinha.

Mas pode propor também a contratação de um mediador. Este, em muitas ocasiões, está mais condicionado a lidar com uma negociação direta e tem mais experiência para facilitar os diálogos entre os envolvidos.

---

3   "Art. 3º Não se excluirá da apreciação jurisdicional ameaça ou lesão a direito. [...] § 2º O Estado promoverá, sempre que possível, a solução consensual dos conflitos. § 3º A conciliação, a mediação e outros métodos de solução consensual de conflitos deverão ser estimulados por juízes, advogados, defensores públicos e membros do Ministério Público, inclusive no curso do processo judicial."

MANUAL DOS MESCS

De toda sorte, elegendo o advogado a opção pela mediação, é salutar que procure o profissional fazer incutir no contrato algumas possibilidades de cláusulas. As cláusulas podem ser isoladas ou escalonadas. A seguir, são apresentados alguns exemplos. Com efeito, serão em muitas hipóteses lançados com suporte na bibliografia de Carlos Eduardo Vasconcelos, reforçando-se a linha geral do pensamento do nobre colega em algumas das linhas adiante.

Cláusula-padrão

"Qualquer litígio oriundo do presente instrumento, inclusive em relação à sua interpretação bem como à sua execução, será submetido à mediação, administrada pela instituição, em conformidade com o seu regimento, a ser coordenada por mediadores pertencentes à respectiva lista de mediadores."

Cláusula-padrão escalonada mediação-arbitragem

"Qualquer conflito originário do presente contrato, inclusive quanto à sua interpretação ou execução, será submetido obrigatoriamente à mediação, administrada pela [nome da instituição], de acordo com o seu regimento de mediação, a ser coordenada por mediador(es) participante(es) da respectiva lista de mediadores.

O conflito que porventura não seja consensualmente resolvido no prazo de 60 (sessenta) dias, prorrogável por vontade das partes, conforme a cláusula de mediação acima, será definitivamente solucionado por arbitragem, administrada por [nome da instituição], de acordo com o seu regulamento, e conduzida por tribunal arbitral de três árbitros [ou árbitro único], indicados na forma do citado regulamento".[4]

Cláusula-padrão escalonada mediação-Judiciário

"Qualquer litígio oriundo do presente instrumento, inclusive em relação à sua interpretação bem como à sua execução, será submetido à mediação, administrada pela (instituição), em conformidade com o seu regimento, a ser coordenada por mediadores pertencentes à respectiva lista de mediadores.

---

4   VASCONCELOS, Carlos Eduardo. *Manual de mediação de conflitos para advogados*, 2014, p. 49-50. Disponível em: http://www.adamsistemas.com/wp-content/uploads/adam-_manual_med_adv.pdf. Acesso em: 20 dez. 2021.

O litígio que não for consensualmente dirimido no prazo de (citar o número de dias), prorrogável por (número de dias, a depender da vontade dos envolvidos), será remetido ao Poder Judiciário a fim de alcançar solução definitiva.

Fica eleito o Foro da Comarca de (indicar) como o competente para definir eventuais dúvidas, questões ou demandas decorrentes do presente contrato, respeitada a cláusula de mediação, com a exclusão de qualquer outro."

Quem pode ser o mediador

Desde que provenha de capacitação técnica, qualquer pessoa poderá ser um mediador. Nesse particular, diz a Lei n. 13.140/2015, em seu art. 9º, a respeito dos mediadores extrajudiciais.

É de se lembrar que recai ao mediador a função primordial de facilitar e de restaurar o diálogo entre as partes, para que depois elas consigam reconhecer os seus interesses e chegar a um ponto não mais de discórdia, mas sim de aceitação.

Não raro, já se adiantou e se verificará adiante, o mediador tem uma formação multidisciplinar para atender a diversos propósitos. Muitas vezes ele já transita na área jurídica, mas esta está longe de ser uma vertente obrigacional.

O Conselho Nacional das Instituições de Mediação e Arbitragem (Conima), entende que:

a capacitação básica em mediação se divide em dois módulos: um primeiro, teórico-prático, isto é, com simulação de casos concretos; e um seguinte, de efetiva prática real supervisionada. Esta formação compreende conteúdo programático específico, com carga horária mínima de 60 horas, exigida frequência de pelo menos 90% do curso. A prática supervisionada de casos reais deve ter entre 50 e 100 horas, sendo certo que a certificação será fornecida àquele que cumprir as duas etapas do ciclo de formação (BRASIL, 2014).

O CNJ, por seu turno – olhando para os mediadores mais detidamente ligados ao Poder Judiciário –, entende que os cursos de capacitação, de treinamento e de aperfeiçoamento de mediadores devem atender a conteúdos programáticos, número de exercícios simulados e cargas horárias mínimas, além de serem supervisionados e aprovados pelo Comitê Gestor de Conciliação e de Mediação do CNJ. Os treinamentos devem ser guiados por instrutores certificados também para o CNJ.

30 MANUAL DOS MESCS

Ainda no âmbito do CNJ, a citada Resolução n. 125/2010 deixa expresso que os cursos de capacitação, treinamento e aperfeiçoamento de mediadores e conciliadores deverão observar diretrizes curriculares estabelecidas pelo CNJ. Essas diretrizes estão previstas no Anexo I da Resolução, prevendo o ensinamento teórico e sua aplicação prática, por meio de estágio supervisionado, cuja carga horária mínima é de 40 horas/aula, além de outras diretrizes.

Já aqueles que tiverem como interesse ingressar na Ordem dos Advogados do Brasil (OAB), para atuar como mediadores, devem participar de formação proposta apresentada pela Comissão Especial de Mediação, Conciliação e Arbitragem do Conselho Federal.

O mais importante é entender que o mediador facilita a comunicação e aproxima as pessoas, enquanto, por outro lado, o juiz e mesmo o árbitro tendem a concluir pela adjudicação. O mediador se desvincula da forma de atuação de seu ofício de origem, sem prejuízo, porém, de lançar mão de aparato técnico e de perito, por exemplo, se necessário. Então, se for necessário que o mediador, ao longo do curso do procedimento, clame pela presença de um advogado ou de outro profissional do universo técnico-científico, certamente ele não terá dúvida em fazê-lo.

Também é notável que o mediador possua cursos de formação continuada a fim de que se recicle e se aprimore ao longo do tempo. Além disso, a troca de experiências com outros profissionais, de outras áreas, em muito colabora para que ele esteja sempre atualizado.

A escolha do mediador

A escolha sempre recairá sobre as partes, que, de comum acordo, selecionam o mediador. Normal e naturalmente, os mediandos elegem alguém que julgam capacitado, e muitas vezes este já se vê regularmente cadastrado e habilitado para a específica função. Portanto, é sempre possível que se recorra a entidades especializadas na temática para a seleção.

Esse mediador poderá fazer parte de uma câmara, centro, instituição ou órgão, além de poder atuar de maneira autônoma.

Se as partes tiverem como interesse um mediador que seja advogado, devem buscar a Ordem dos Advogados do Brasil, que disponibilizará rol com membros de sua seccional.

De todo modo, os advogados deverão estar com seus nomes devidamente listados e cadastrados para exercer a prática.

Como informação, em caso de mediação judicial, o mediador será indicado pela comarca ou pelo tribunal competente, entre os profissionais habilitados e cadastrados no Tribunal respectivo, conforme o art. 167 do novo CPC, ou no Cadastro Nacional de Mediadores Judiciais e Conciliadores, conforme dispõe o art. 12-C da Resolução n. 125/2010 do CNJ, após efetuarem curso específico.

Importante destacar que o mediador ficará impedido, durante o período de um ano, contado do término da última audiência em que atuou, de assessorar, representar ou patrocinar quaisquer das partes.[5]

O mediador também não poderá atuar como árbitro nem como testemunha em procedimentos arbitrais pertinentes a conflito em que tenha participado como mediador ou em processos judiciais.[6] Ainda, o mediador e aqueles que o assessoram passam a ser equiparados a servidor público para os efeitos da legislação penal, assim como incute o art. 8º da norma.

Já do ponto de vista judicial, poderá atuar como mediador judicial a pessoa que for capaz, graduada há pelo menos dois anos em curso de ensino superior em instituição abrigada pelo Ministério da Educação – MEC e que tenha a capacitação em escola ou instituição de formação de mediadores reconhecida pela Escola Nacional de Formação e Aperfeiçoamento de Magistrados – ENFAM ou pelos tribunais.[7] Incumbe aos tribunais criar e manter cadastros atualizados dos mediadores habilitados (art. 12). Existirá, naturalmente, remuneração aos mediadores, que será fixada pelos tribunais e custeada pelas partes (art. 13).

Dos tipos de mediação

Há várias espécies de mediação, que serão abordadas a seguir. São elas: mediação judicial, mediação extrajudicial, mediação prévia e mediação incidental.

Mediação judicial

A mediação judicial, como o próprio nome faz entender, é aquela que ocorre dentro do curso de uma ação judicial, seja de natureza civil ou penal.

---

5 "Art. 6º O mediador fica impedido, pelo prazo de um ano, contado do término da última audiência em que atuou, de assessorar, representar ou patrocinar qualquer das partes."

6 "Art. 7º O mediador não poderá atuar como árbitro nem funcionar como testemunha em processos judiciais ou arbitrais pertinentes a conflito em que tenha atuado como mediador."

7 "Art. 11. Poderá atuar como mediador judicial a pessoa capaz, graduada há pelo menos dois anos em curso de ensino superior de instituição reconhecida pelo Ministério da Educação e que tenha obtido capacitação em escola ou instituição de formação de mediadores, reconhecida pela Escola Nacional de Formação e Aperfeiçoamento de Magistrados – ENFAM ou pelos tribunais, observados os requisitos mínimos estabelecidos pelo Conselho Nacional de Justiça em conjunto com o Ministério da Justiça."

MANUAL DOS MESCS

Nela existe a coordenação de um mediador judicial, sujeito a compromisso, que autoriza aquele a ser recusado por qualquer das partes, no prazo de cinco dias, a partir de sua nomeação. São aplicadas, ainda, as normas que regulam a remuneração e a responsabilidade dos peritos.

Importante ressaltar, contudo, que o § 5º do art. 12 da Resolução n. 125/2010 do CNJ é expresso ao dizer que o mediador e o conciliador judicial terão remuneração fixada pelo tribunal, em tabela, conforme os parâmetros estabelecidos pela Comissão Permanente de Acesso à Justiça e Cidadania *ad referendum* do Plenário.

Ainda, no caso de ter sido deferida gratuidade da justiça, o tribunal fixará o percentual de audiências não remuneradas que deverão ser suportadas pelas Câmaras Privadas de Conciliação e Mediação.

Mediação extrajudicial

É o instituto que conta com a participação de alguém alheio a qualquer processo judicial e que não dispõe das normas já lançadas.

Mediação prévia

Pode ser vislumbrada tanto no curso de um processo judicial como do extrajudicial e depende, sobretudo, da capacidade do mediador.

Judicial será quando o interessado, por seu representante legal, apresentar o seu pedido em formulário padronizado junto ao Judiciário, solicitando a realização de mediação prévia, interrompendo a prescrição. Deve, assim, ser efetivamente realizada em no máximo noventa dias, a contar do recebimento do pedido.

Em seguida, o requerimento do pedido será distribuído ao mediador judicial, que determinará o local, a data, bem como a hora em que se procederá à reunião de mediação, convocando os interessados por qualquer meio idôneo e não menos eficaz de comunicação.

É importante destacar que esse formato de mediação oferece aos litigantes a escolha do mediador, podendo, portanto, ser escolhido novo mediador judicial se houver comum acordo entre as partes.

Além disso, tanto as partes envolvidas como o próprio mediador designado poderão lançar mão de comediadores, com profissionais especializados na área de interesse do conflito.

Na hipótese de a parte ser convocada e não conseguir ser localizada, o procedimento como um todo se tornará frustrado. E uma vez não alcançado o acordo – não apenas em virtude da situação descrita, mas também na hipótese de as partes comparecerem e não chegarem a um denominador comum –, o mediador devolverá a petição inicial e lavrará o termo com a descrição da impossibilidade da composição para dar prosseguimento ao feito.

Por último, se as partes comparecerem e chegarem a um acordo, o mediador devolverá ao distribuidor o pedido acompanhado do termo da mediação para as devidas anotações, podendo ser homologado a pedido das partes, transformando-se assim em título executivo judicial.

Caso o acordo seja em grau de recurso, sua homologação será realizada pelo relator.

Mediação incidental

Excetuando-se as ações de interdição, de falências, recuperação judicial, insolvência civil, inventário, arrolamento, imissão de posse, reivindicatória, usucapião de bem imóvel, retificação de registro público, cautelares ou, ainda, quando a mediação prévia tiver sido realizada nos 180 dias anteriores ao ajuizamento da ação, a mediação incidental será obrigatória, na hipótese de existência de processo judicial de conhecimento.

Esta modalidade de mediação se dá obrigatoriamente após o protocolo de petição inicial junto ao juízo, devendo ser distribuída ao mediador antes mesmo de chegar ao juiz da causa. Tal modalidade não apenas interrompe a prescrição, como também induz à litispendência e produz os mesmos efeitos do art. 23 do CPC/73, que corresponde ao art. 87 do CPC/2015,[8] que considera proposta a ação, mas não produz para o réu enquanto este não for citado, como previsto no art. 219, que corresponde ao art. 240 e §§ 1º e 2º do art. 332 do CPC/2015.[9]

---

8 "Art. 87. Concorrendo diversos autores ou diversos réus, os vencidos respondem proporcionalmente pelas despesas e pelos honorários. § 1º A sentença deverá distribuir entre os litisconsortes, de forma expressa, a responsabilidade proporcional pelo pagamento das verbas previstas no *caput*. § 2º Se a distribuição de que trata o § 1º não for feita, os vencidos responderão solidariamente pelas despesas e pelos honorários."

9 "Art. 240. A citação válida, ainda quando ordenada por juízo incompetente, induz litispendência, torna litigiosa a coisa e constitui em mora o devedor, ressalvado o disposto nos arts. 397 e 398 da Lei n. 10.406, de 10 de janeiro de 2002 (Código Civil). § 1º A interrupção da prescrição, operada pelo despacho que ordena a citação, ainda que proferido por juízo incompetente, retroagirá à data de propositura da ação. § 2º Incumbe ao autor adotar, no prazo de 10 (dez) dias, as providências

34   MANUAL DOS MESCS

Como visto na mediação prévia, incumbe ao mediador chamar os litigantes por qualquer meio, com a designação do dia e do horário para o início das tratativas. É recomendável que as partes compareçam com advogados. Esse chamamento, conforme determinação do texto, considera que o mediador intimará as partes por aqueles meios. O mesmo artigo ainda cita que, se o requerido não tiver sido citado no processo judicial, a intimação para a reunião de mediação o considerará em mora, tornando prevento o juízo, induzindo a litispendência, fazendo litigiosa a coisa e interrompendo a prescrição.

Mais adiante, também, se as partes chegarem a um acordo, o mediador lavrará o competente termo de mediação com a descrição detalhada de todas as suas cláusulas, devendo remeter ao juiz da causa que, por seu turno, examinará o preenchimento das formalidades legais e, uma vez satisfeitas, tornará o acordo em título executivo judicial, arquivando o feito.

Das etapas da mediação

Pré-mediação

Nesta fase são delineadas as regras, as quantias, os valores, o número de sessões e o tempo de duração de cada uma delas. Também se analisa se, para o caso concreto, a mediação é recomendada e, se assim se entender, assina-se o termo de compromisso de mediação.

Em seguida, ocorre a mediação propriamente dita (acolhida, declaração inicial das partes, planejamento, esclarecimento dos interesses ocultos e negociação do acordo).

Início da sessão de mediação

O mediador deverá:

- inicializar as tratativas entre os litigantes;
- buscar sempre fazer uso de um tom aberto e positivo;

---

necessárias para viabilizar a citação, sob pena de não se aplicar o disposto no § 1º. § 3º A parte não será prejudicada pela demora imputável exclusivamente ao serviço judiciário [...]."

"Art. 332. [...] § 1º O juiz também poderá julgar liminarmente improcedente o pedido se verificar, desde logo, a ocorrência de decadência ou de prescrição. § 2º Não interposta a apelação, o réu será intimado do trânsito em julgado da sentença, nos termos do art. 241."

CAPÍTULO 5 – MEDIAÇÃO   35

- ajudar os indivíduos a expressar seus sentimentos e interesses;
- escolher as áreas e as questões que serão objeto de discussão; e
- auxiliar as partes na exploração de compromissos, de pontos que são relevantes e de influências.

Definição das questões e estabelecimento de uma agenda

O mediador deverá:
- identificar as áreas amplas de interesses para os litigantes;
- conseguir a concordância sobre o que será discutido;
- definir a sequência lógica em que as questões serão tratadas a fim de evitar descompassos;
- fomentar a comunicação dos interessados para identificar as questões que deverão ser discutidas; e
- elaborar uma agenda de negociação.

Revelação dos interesses ocultos das partes

Chegando a este estágio, o mediador deverá encontrar os interesses essenciais das partes e instruí-las sobre os interesses de cada uma.

A identificação dos interesses ocultos é tarefa complexa para o mediador e acontece quando este passa confiança às partes sobre o processo. Os interesses ocultos existem em virtude de os próprios envolvidos muitas vezes não terem conhecimento sobre eles. Por vezes, também, as partes escondem tais interesses por imaginarem ser conveniente que o outro interessado não tenha acesso sobre eles.

Se as partes, em vez de tentarem solucionar o problema, caírem em um círculo vicioso, o mediador poderá formular perguntas para explorar novos focos da questão. Ademais, o mediador poderá se reunir com cada parte, separadamente, para buscar obter informações ocultadas na sessão de mediação.

Também deverá o mediador, ao iniciar a primeira reunião de mediação, e sempre que entender necessário, alertar às partes envolvidas quanto às regras de confidencialidade aplicáveis ao procedimento, seguindo assim o art. 14 da Lei de Mediação. Outrossim, instaurada a mediação, as reuniões posteriores com a presença das partes deverão ser marcadas com a anuência do mediador (art. 18).

Gerando opções de acordo

O mediador deverá:

- informar aos envolvidos sobre a necessidade de gerar opções;
- reduzir os compromissos com alternativas que sejam isoladas; e
- gerar escolhas, fazendo uso da negociação com base nos interesses das partes.

Avaliação das opções para o acordo

Caberá ao mediador:

- rever os interesses das partes;
- analisar quais opções disponíveis atenderão aos interesses;
- avaliar as possibilidades de acordo com critérios previamente estabelecidos; e
- mensurar os custos e os benefícios das opções antes de as partes escolherem-nas.

Introdução

- Esclarecimento das questões principais.
- Resumo dos pontos de discordância.
- Estímulo para que as partes formulem opções para a resolução do problema.

Relato das partes

- Cada parte expõe seu ponto de vista, objetivos, relata os fatos que deram origem ao conflito.
- Pode ser feito separadamente para que o mediador apure os fatos.

Sessão conjunta

As partes se reúnem e identificam os interesses uma da outra.

De toda forma, o mediador, exercitando sua função, poderá se reunir com as partes, sozinho ou em conjunto, assim como poderá requerer informações que interpretar cabíveis para o bom andamento do procedimento, conforme o art. 19 da norma.

Das técnicas de mediação

Comediação

A comediação é recomendável em virtude da complexidade ou da natureza do conflito, sendo assim realizada por profissional que é especialista na área do conhecimento que toca o conflito.

Ainda está prevista a figura da comediação obrigatória nas controvérsias que discutem acerca do *estado da pessoa* e de *direito de família*, casos em que o comediador deverá ser um psicólogo, um psiquiatra ou um assistente social.

Recontextualização

Organização do conflito:
1) enfoque nas necessidades;
2) enfoque prospectivo; e
3) linguagem neutra
- repetir o que a pessoa disse usando outras palavras;
- enfatizar os pontos positivos;
- incluir todas as pessoas;
- permitir que ouçam suas histórias contadas por terceiro neutro e imparcial.

Já diria Steven Cohen, com outras palavras mas mantendo-se a ideia, que a principal vantagem de se buscar esclarecimentos reside no fato de que as pessoas, quando ouvem seus próprios dizeres mas vindos de outro interlocutor, fazem ajustes em seus discursos para que fiquem mais bem aceitos.

Identificação das propostas implícitas

- Buscar interpretar nas entrelinhas o que efetivamente o indivíduo almeja.
- Observar com máxima atenção, a própria pessoa pode, embora sem consciência, estar propondo soluções.
- Procurar tornar explícitas essas propostas.

Escuta ativa

- Escutar para ouvir e não para responder.
- Objetivo: entender a intenção do que está sendo comunicado, indo além das palavras verbalizadas.

Técnicas para induzir à escuta ativa

MANUAL DOS MESCS

- Valer-se do silêncio.
- Notar as emoções.
- Repetir o que as pessoas estão afirmando.
- Reconhecer sentimentos (necessidades ou interesses ocultos).

Construção de possibilidades

- O mediador terá de informar aos envolvidos acerca da necessidade de gerar várias opções.
- Também deverá reduzir os compromissos com alternativas que sejam isoladas.
- Por último, deverá gerar variações fazendo a utilização da negociação, com base nos interesses dos litigantes.

Acondicionamento das questões e interesses das partes

O mediador deverá fazer o máximo possível para que as pessoas:
- alcancem o consenso;
- sublimem os interesses divergentes; e
- atinjam compreensão recíproca.

Teste de realidade ou reflexão

O mediador objetiva alcançar o melhor posicionamento dos envolvidos sobre o problema que os afeta e suas possíveis soluções, sempre por intermédio da reflexão objetiva dos mediandos em relação ao que está sendo colocado ou proposto.

Vantagens e princípios da mediação

Demonstradas muitas das características e variações da mediação, hora e vez de traçar algumas das vantagens que contornam o instituto, sobretudo em uma comparação mais linear com a esfera judicial comum.

Também é salutar afirmar que isso, por si só, não significa de todo modo que o Poder Judiciário não contemple particularidades e mecanismos competentes para resolver as suas demandas. Quer se apontar, apenas, muitas das vantagens que a mediação apresenta e que podem ser vivenciadas no cotidiano do instituto.[10]

Autonomia

O instituto pressupõe a autonomia da vontade de pessoas capazes, no exercício da liberdade de pensamento, devendo o mediador não forçar um acordo e não tomar decisões pelos litigantes, facilitando o diálogo e a compreensão para os envolvidos.

Preservação dos laços entre as partes

A instância judicial, pelas suas próprias características, muitas vezes provoca rusgas e a ruptura irreversível da relação entre os envolvidos. Chega-se a tal estágio porque, por mais que o magistrado tenha também o papel de dialogar e de aproximar as partes, normalmente já existe inclusive uma predisposição dos envolvidos em guerrear até a decisão derradeira.

Por outro lado, com a mediação, tem-se a criação de um organismo deveras mais saudável e de aproximação das partes. Há menos desgaste entre aqueles que já têm um conflito instaurado, e é rotineiro se observar "um querer no sentido de suavizar a disputa".

Portanto, é cristalino notar como o procedimento da mediação acabou por ocasionar maior aceitação e reversibilidade desse quadro.

Economicidade

Ainda existe certo preconceito arraigado que entende que os meios extrajudiciais de solução de conflitos estão ligados àqueles que podem pagar valores muito elevados. Esse tipo de equívoco, então, acaba tocando não apenas a mediação, como também os demais institutos que compõem os meios extrajudiciais de solução de conflitos.

Aqui cabe um olhar mais detido quanto à temática.

Com efeito, o procedimento de mediação, como os demais MESCs, pode oferecer valores que *a priori* chamariam a atenção. No entanto, basta se analisar com um pouco mais de cautela para perceber que em muitas ocorrências o processo judicial tem montante mais elevado. Além de ocorrer um desgaste

---

10   Os princípios listados compreendem lista exemplificativa ilustrada no art. 2º da Lei n. 13.140/2015.

MANUAL DOS MESCS

emocional maior, as pessoas gastam mais, também, com taxas e custas processuais no sistema Judiciário.

Na mediação, por seu turno, isso não acontece da mesma forma, porque são vislumbrados atos mais concentrados e dinâmicos. Tem-se, sob essa ótica, gasto econômico menor, não se esquecendo do fato de haver um desgaste emocional igualmente reduzido.

Confidencialidade

Mais adiante, neste Manual, como se poderá observar, será tratada com mais atenção a questão da confidencialidade nos meios extrajudiciais de solução de conflitos. De toda sorte, como ainda é bastante tradicional e correto, analisa-se essa questão como sendo uma vantagem preciosa dos MESCs e, no caso, da mediação.

Como é cediço, na instância judicial ordinária, um dos princípios norteadores do processo é a publicidade dos atos, de modo que aquilo que é discutido tem natureza comum e fica ao alcance de qualquer pessoa, bastando apenas o interesse dela para obter informações que poderiam ser de interesse meramente dos envolvidos nos conflitos. Há que se considerar por óbvio certas hipóteses em que, até por se objetivar defender o interesse específico – por exemplo, de um menor –, as discussões ao longo do processo se mantenham de maneira sigilosa, ainda que esse não seja o mote do procedimento.

Já na mediação, tudo o que é discutido entre as partes fica única e exclusivamente ligado a elas. Isso se torna muito útil uma vez que, tendo em vista o fato de haver, por exemplo, grandes corporações discutindo alguma questão, a imagem dessas empresas não fica desgastada ou arranhada perante a opinião pública em virtude da confidencialidade que alcança o instituto.

Celeridade

O Poder Judiciário tem implementado práticas e iniciativas que tornam o processo mais veloz para satisfazer o contingente enorme de demandas que surgem diariamente.

Não obstante, como é de conhecimento público, há a instauração do Código de Processo Civil de 2015, que procura de algum modo acelerar o procedimento utilizado normalmente. Mesmo assim – e aqui não cabe nenhuma crítica aberta à iniciativa ao códex –, o ritmo dos atos processuais é ainda mais lento do que o ritmo conservado na mediação.

Nesse particular, diga-se que a mediação é responsável por concentrar os atos, alcançando respostas muito mais céleres. As principais características e a estrutura da mediação são:

Oralidade

A principal característica da mediação é a oralidade da linguagem. Mesmo quando existe o apoio de advogados, as partes são os protagonistas do procedimento; assim, a oratória, isto é, as conversas, tem papel importante no instituto.

Informalidade

Certamente os principais atos, quando da mediação, têm natureza informal. Somente o termo inicial ou o final da mediação, registrando-se o resultado obtido, será formalizado por escrito.

Consensualismo

Os mediandos se encontram sempre em condição de igualdade, com as mesmas oportunidades, fazendo com que qualquer decisão seja consensual e autocompositiva.

Boa-fé

A boa-fé[11] (*v.* arts. 113 e 422 do CC)[12] caracteriza a mediação. O instituto não conta com a produção de provas ou com revelações que poderiam valer no âmbito judicial. O mais importante é o respeito e a verdade dentro do procedimento.

A importância deste princípio é tão basilar no estudo do Direito como ciência que norteia todas as áreas de atuação da atividade jurisdicional, tanto é verdade que Arnoldo Wald define em seu livro, *Obrigações e contratos,* que

---

11   A boa-fé tem origem no signo latino *bona fides*, que significa fidelidade, crença, confiança, sinceridade e convicção inferior.

12   GUILHERME, Luiz Fernando do Vale de Almeida. *Código Civil comentado e anotado*, 3. ed., Manole, 2022 (no prelo).

MANUAL DOS MESCS

A regra de boa-fé objetiva configura-se como cláusula geral e, portanto, corresponde a uma técnica legislativa que busca garantir a relação entre o direito e a realidade social, possibilitando a existência de um sistema jurídico aberto com constantes adaptações das normas legais às exigências do mundo de relações e da alteração dos seus valores com o tempo. Assim, a cláusula geral fornece um ponto de partida para se alcançar resultados justos e adequados (WALD, 2004, p. 191).

No âmbito judicial, outros princípios são estabelecidos, conforme previsto no art. 1º do Anexo II da Resolução n. 125/2010 do CNJ, tais como: decisão informada e respeito à ordem pública e às leis vigentes.

Princípios do mediador

Pode-se dizer que os princípios do mediador são:

Independência

Os mediandos sempre terão autonomia para desconsiderar apontamentos do mediador, mas é importante que se relate que este não deverá manter vínculos de amizade, trabalho ou de qualquer outra natureza com as partes, devendo abster-se na mediação.

Imparcialidade

O mediador deve se manter imparcial, isento e neutro ao longo do procedimento. Portanto, não deve favorecer a nenhuma das partes, tampouco deve fomentar qualquer tipo de preconceito que prejudique algum mediando. Imparcialidade está na lei, neutralidade é o estado de espírito que o mediador deve ter para se ausentar de prejulgamentos.

Aptidão

O mediador precisa também estar capacitado para atuar em cada situação, munido dos fundamentos teóricos e práticos atinentes ao caso em apreço.

Diligência

O mediador deverá se manter aberto para as novas situações, devendo respeitar os rumos que o procedimento tomar.

Validação

O mediador deve estimular os mediandos a entenderem que todos merecem atenção e respeito, independentemente de suas diferenças.

Da mediação familiar

Do conceito de família e sua ordem social e legal

De acordo com Rizzardo,

> Não há dúvidas que se está diante de um ramo do direito de maior incidência prática ou aplicabilidade, envolvendo a generalidade das pessoas, eis que, de uma forma ou outra, todos procedem de uma família, e vivem, quase sempre, em um conjunto familiar (RIZZARDO, 2007, p. 1).

Derivado do latim *famulus*, que designa um conjunto de criados ou servos, o termo "família" exsurge na Roma Antiga em meio a uma sociedade agrícola e com forte presença escrava.

Esse conceito se firma no Direito Romano, cuja família se apresenta baseada no casamento e no vínculo de sangue entre os cônjuges e seus filhos. Tratava-se de estrutura familiar patriarcal, em que a família se aperfeiçoava sob a autoridade de um mesmo chefe.[13]

Em sentido distinto, na Idade Média o conceito de família resguardava o vínculo matrimonial, de modo a instituir novas estruturas familiares. Dessa feita, bem se delimitava a precedência paterna e a materna.

Em sequência à notícia histórica, observa-se o estreitamento dos laços familiares com as Revoluções Francesa e Industrial. Com efeito, daquela decorrem os casamentos laicos, e desta, os movimentos migratórios para cidades construídas no entorno dos polos produtivos. É nesse momento, como preleciona o eminente Ministro José Carlos Moreira Alves (ALVES, 2001, p. 22), que se verifica maior autonomia das mulheres, valendo-se o conceito de família de um agregado doméstico composto por vínculos de aliança, consanguinidade ou ainda outros laços sociais.

Finalmente, nota-se que o atual conceito de família abarca não apenas a característica do casamento e a ligadura sanguínea, mas também denota da

---

13   Nesse sentido: CAMILLO; TALAVERNA; FUJITA; SCAVONE JUNIOR, 2006, p. 1.093.

44 MANUAL DOS MESCS

autorização legal, como no exemplo da adoção, isso porque se tem transforma-
do em razão dos contextos religiosos, socioculturais e até mesmo econômicos.
Com clareza, assenta Giselle Câmara Groeninga que: "a família varia de
acordo com as épocas, com as culturas e, mesmo dentro de uma mesma cultura, em conformidade com as condições socioeconômicas em que está inserido o grupo familiar" (GROENINGA apud BARBOSA; VIEIRA, 2008, p. 20).

No sistema normativo pátrio, tem-se pela Constituição Federal que a família é a *base da sociedade*, daí merecendo especial proteção do Estado.[14] Com
efeito, reconhece-se a entidade familiar não apenas quanto ao conceito tradicional decorrente do casamento, mas também a união estável entre homem e
mulher e a comunidade formada por qualquer dos pais e seus descendentes
(família monoparental).

Sobre o tema, questiona o Professor Uadi Lammêgo Bulos:

> Mas para a Constituição o que é família? Segundo o art. 226, é a base da socie-
> dade, cumprindo ao Estado protegê-la. Assim, não se levou em conta a regra
> clássica de que família é somente o grupo oriundo do casamento, por ser o úni-
> co que apresenta os caracteres de moralidade e estabilidade necessários ao preen-
> chimento de sua função social. Ao invés disso, para a manifestação constituinte
> originária de 1988, aquelas uniões formadas fora do casamento, mas com tra-
> ços de permanência e continuidade, também se enquadram no designativo fa-
> mília, e, como tal, merecem proteção jurídica (BULOS, 2000, p. 1.238).

Com a clareza e profundidade de sempre, Maria Helena Diniz aborda o
conceito de família em três grandes critérios: "o dos efeitos sucessórios e familiares, o da autoridade e o das implicações fiscais e previdenciárias" (DINIZ,
2010, p. 11). Nessa linha de raciocínio, a família se caracteriza pelo critério
sucessório quando chamados à herança, assim como disposto nas Leis ns.
8.971/94 e 9.278/96 e art. 1.790 do Código Civil. Já pelo alimentar, os ascen-
dentes, descendentes e irmãos, nos termos dos arts. 1.694 a 1.697 do diploma
civil. Seguindo, o critério de autoridade se caracteriza pelo poder familiar,
assim disposta a intervenção dos pais na vida dos filhos menores. Pelo critério
fiscal, resume-se ao cônjuge, companheiro, filhos menores e os maiores uni-
versitários até 24 anos de idade ou até o casamento, dentre outras hipóteses.
Enfim, em termos previdenciários, conforme dispõe a legislação de assistência
e seguridade social.

---

14 CF, art. 226, *caput*: "A família, base da sociedade, tem especial proteção do Estado".

CAPÍTULO 5 – MEDIAÇÃO   45

Sem envolver maiores digressões sobre a evolução histórica do instituto, nota-se atualmente uma série de questões tormentosas sobre as entidades familiares. Com efeito, os problemas verificados têm colocado em xeque a própria essência da relação familiar, como a seguir se analisará.

Problemáticas atuais sobre a família

Não são meramente os infortúnios da vida que têm infirmado as relações familiares. Se o tradicional exemplo para a constituição da família é o casamento, pesquisa do Instituto Brasileiro de Geografia e Estatística (IBGE) afirma que em 2006 o crescimento na realização de divórcios já era maior que o dos matrimônios.[15] No ano seguinte, outra pesquisa foi ainda mais enfática ao constatar que a cada 4 casamentos, 1 terminara em divórcio.[16]

Mas não é essa a única questão verificada nos dias atuais que prejudicam a constituição da família. Também são constantes as brigas entre o casal e até mesmo entre pais e filhos. Os jovens se queixam de invasão de privacidade, da autoridade desmedida, do excesso de preocupação que lhes tolhe o convívio social, entre outros. Há ainda aqueles que reclamam da omissão dos pais e do desinteresse destes com a vida de seus filhos, suas dificuldades e conquistas.

Outro tema complexo são as relações homoafetivas, não se podendo tapar os olhos para essa realidade há tempos. Das relações entre pessoas do mesmo sexo já decorre uma série de direitos[17] e pretensões,[18] mormente decorrentes da própria relação afetiva e dos deveres decorrentes da vida comum.

---

15   "Dados do Registro Civil, divulgados [...] pelo Instituto Brasileiro de Geografia e Estatística (IBGE), apontam que, em 2006, foram realizados 889.828 casamentos no Brasil, 6,5% a mais do que em 2005 (835.846). No mesmo período, o número de divórcios no País cresceu 7,7%. Foram 162.244 casos no ano passado [em 2006] contra 150.714 registrados no ano anterior [em 2005]" (www.ibge.gov.br).

16   "A taxa de divórcio em 2007, quando se completou 30 anos da instituição do divórcio no Brasil, atingiu o pico da série iniciada pelo IBGE em 1984 e chegou a 1,49 por mil (1,49 divórcio por cada mil habitantes), crescimento de 200% em relação a 1984, quando era de 0,46 por mil. Em números absolutos os divórcios concedidos passaram de 30.847, em 1984, para 179.342 em 2007" (www.ibge. gov.br).

17   "Plano de saúde. Companheiro. 'A relação homoafetiva gera direitos e, analogicamente à união estável, permite a inclusão do companheiro dependente em plano de assistência médica' (REsp n. 238.715/RS, rel. Min. Humberto Gomes de Barros, DJ 02.10.2006). Agravo regimental não provido" (STJ, Ag. Reg. no Ag. n. 971.466/SP, 3ª T., rel. Min. Ari Pargendler, v.u., j. 02.09.2008).

18   "Processo civil. Ação declaratória de união homoafetiva. [...] Possibilidade jurídica do pedido. Arts. 1º da Lei n. 9.278/96 e 1.723 e 1.724 do Código Civil. Alegação de lacuna legislativa. Possibilidade de emprego da analogia como método integrativo. [...] 3 – A despeito da controvérsia em relação à matéria de fundo, o fato é que, para a hipótese em apreço, onde se pretende a declaração de união homoafetiva, não existe vedação legal para o prosseguimento do feito. 4 – Os dispositivos legais limitam-se a estabelecer a possibilidade de união estável entre homem e mulher, dês que preencham

E tantos outros problemas poderiam ser citados neste momento: o desrespeito aos idosos,[19] as brigas entre irmãos, a incidência das drogas e do álcool no seio familiar, a liberalidade sexual, as gestações indesejadas, o aborto, a inexperiência de casais jovens, o inadequado trato dos jovens nas instituições de ensino etc.

Com efeito, salta aos olhos a problemática instituída pela Lei n. 11.441, de 4 de janeiro de 2007.[20] A norma, que possibilita a realização de separação e divórcio consensuais em cartório, parece, em primeira análise, contrariar a própria intenção do constituinte quando o art. 226 da Carta imputou ao Estado especial proteção à família. Ora, a via administrativa para a dissolução conjugal não apenas atenua o tempo de maturação da decisão do casal, mas também afasta, pelo menos em certa proporção, a guarida estatal da entidade familiar.

Feitas essas considerações, passa-se à análise das formas de solução dos conflitos, especialmente analisando o instituto da mediação.

Mediação no direito de família

A mediação no âmbito da família tem encontrado amparo maior nos últimos anos. Após expostas certas vantagens da mediação em relação à via judicial, a seara do direito de família mostra espaços e encaixes que bem combinam com o instituto.

Nas questões familiares não se está tratando de uma disputa geralmente entre agentes que não se conhecem. Na prática, são pessoas que normalmente

---

as condições impostas pela lei, quais sejam, convivência pública, duradoura e contínua, sem, contudo, proibir a união entre dois homens ou duas mulheres. Poderia o legislador, caso desejasse, utilizar expressão restritiva, de modo a impedir que a união entre pessoas de idêntico sexo ficasse definitivamente excluída da abrangência legal. Contudo, assim não procedeu. 5 – É possível, portanto, que o magistrado de primeiro grau entenda existir lacuna legislativa, uma vez que a matéria, conquanto derive de situação fática conhecida de todos, ainda não foi expressamente regulada. 6 – Ao julgador é vedado eximir-se de prestar jurisdição sob o argumento de ausência de previsão legal. Admite-se, se for o caso, a integração mediante o uso da analogia, a fim de alcançar casos não expressamente contemplados, mas cuja essência coincida com outros tratados pelo legislador. 7 – Recurso especial conhecido e provido (STJ, REsp n. 820.475/RJ, 4ª T., rel. Min. Luis Felipe Salomão, maioria, j. 02.09.2008).

19   Sobre os direitos assegurados pelo Estatuto do Idoso, Lei n. 10.741/2003, destaca-se da obra de Caio Mario da Silva Pereira: "a 'destinação privilegiada dos recursos', o 'atendimento do idoso pela própria família em detrimento do atendimento asilar', o direito aos alimentos como obrigação solidária dos familiares, tendo a lei identificado novos crimes e infrações administrativas para as hipóteses de violações" (PEREIRA, 2009, p. 50).

20   "Altera dispositivos da Lei n. 5.869, de 11 de janeiro de 1973 – Código de Processo Civil, possibilitando a realização de inventário, partilha, separação consensual e divórcio consensual por via administrativa."

mantêm relações íntimas e próximas. Por isso é relevante que se considere um organismo que melhor se molde às peculiaridades que as questões familiares obrigam.

É satisfatório inclusive perceber como o instituto bem utiliza da orientação disciplinar, como dito, lançando mão de profissionais de outras áreas. Um dos exemplos, aliás, é o fato de se ter a possibilidade de uso dos comediadores para gerenciar conflitos que necessitem da atenção de um psicólogo, de um assistente social ou de um psiquiatra para melhor apreciação.

Ana Paula Rocha do Bomfim e Hellen Monique Ferreira de Menezes, nesse sentido, afirmam:

> A indicação da mediação na esfera familiar é indicada para a proteção dos sujeitos da família, especialmente às crianças que não devem ser expostas às mazelas decorrentes de um litígio entre os pais, pois podem produzir os efeitos na sua formação psicológica (BOMFIM; MENEZES, 2008, p. 58-9).

Porém, há que se pensar no outro lado da utilização do instituto nas questões familiares. Mesmo o Judiciário tem promovido porções de iniciativas importantes e louváveis no sentido de promover a mediação dentro do âmbito do Poder como modo de desafogá-lo.

Ocorre que muitos dos processos que atravancam o dia a dia da via tradicional também tratam de questões familiares, e é comum os órgãos proporem medidas que tendam a diminuir o número de demandas. Uma dessas iniciativas se trata do projeto "Como Conciliar é Legal", organizado pelo CNJ. O objetivo do projeto é promover a conciliação entre as pessoas oferecendo inclusive prêmios para aqueles agentes que conseguem alcançar esse intuito.

O problema é que, ao agir dessa forma, ou seja, premiar o resultado quantitativo, muitas vezes não se direciona o olhar de maneira subjetiva para uma discussão. Isto é, promover a qualquer custo a conciliação nem sempre será o melhor remédio. Muitas vezes os conciliadores são orientados a procurar apenas um resultado que consista no desafogamento do Poder Judiciário.

Ao fim e ao cabo, nem sempre é fácil para um conciliador ou mediador se manter, por exemplo, de uma maneira imparcial naquela discussão, sem entender muito bem o seu papel dentro do sistema. Trata-se de um acordo de vontades; assim, no afã de promover apenas uma conciliação a qualquer custo, o que se tem como produto do sistema são acordos que oferecem muito mais problemas para os envolvidos do que a própria solução. Logo, mais adiante, há maior insatisfação do que a certeza de ter feito a melhor opção de acordo, e

48 MANUAL DOS MESCS

não raro novos processos são instaurados em virtude de alguma das partes insatisfeita com aquilo que foi decidido.

Portanto, é sempre importante se observar com cautela o modo de utilização do instituto. Aliás, essa não é uma crítica ao instituto em si, mas uma ressalva quanto à sua forma de uso.

Dos acordos comerciais internacionais resultantes da mediação – A Convenção de Singapura

Em junho de 2021, o Brasil deu um importante passo rumo à continuidade da valorização dos procedimentos de solução de litígios extrajudiciais, mais especificamente em relação à mediação. Isso se deu com a assinatura da Convenção das Nações Unidas sobre Acordos Comerciais Internacionais resultantes de mediação – mais conhecida como Convenção de Singapura. Em verdade, a Convenção de Singapura simboliza, antes de mais nada, o reconhecimento internacional da força executiva dos acordos provenientes de procedimentos de mediação comercial de âmbito internacional.

Pode-se dizer que os preceitos da Convenção, ao fim, representam para a mediação o que a Convenção de Nova Iorque significou para a arbitragem décadas atrás, ao gerar a exequibilidade das decisões proferidas pelos Estados-membros, indicando ao mercado a relevância dada à arbitragem no momento.

Vale dizer que a adesão à Convenção já era aguardada com certa ansiedade, já que o legislador brasileiro vem se mostrando mais sensível à mediação e a seus temas correlatos, fomentando o uso do procedimento nas suas mais variadas formas, devendo ser lembrado que a solução pacífica dos conflitos é premissa insculpida na Constituição Federal no inc. VII do art. 4º, além do estímulo feito pelo atual Código de Processo de Civil e, por óbvio, pela própria Lei de Mediação.

Importante notar, também, que, nesse cenário, desde que observados os requisitos de formação, o Brasil reconhece a força executiva dos títulos extrajudiciais internacionais, pois a lei processual admite sua execução sem necessidade de homologação judicial (CPC, art. 784, XII e § 2º).

Dando seguimento, a respeito do alcance, como muito bem comentam Mariana Freitas de Sousa e Samantha Longo,

> a Convenção de Singapura é precisa para expressamente afastar de seu âmbito de aplicação acordos relativos a matérias consumeristas, familiares, sucessórias, trabalhistas ou aqueles decorrentes de homologação, conclusão ou registro em procedimentos judiciais ou arbitrais, respeitando, nesse aspecto, respectivamen-

CAPÍTULO 5 – MEDIAÇÃO   **49**

te, tanto a Convenção de Haia como a Convenção de Nova Iorque. Em contrapartida, em rol taxativo, a Convenção de Singapura apresenta as hipóteses excludentes à sua aplicação, de forma a deixar claro o reconhecimento da primazia da vontade das partes. Logo, excepcionados os certos e determinados casos previstos na Convenção, o Estado executante não poderá rever o acordo firmado nem recusar seu reconhecimento e consequente execução.[21]

As autoras continuam os seus apontamentos para dizer que:

as objeções previstas na Convenção de Singapura referem-se a aspectos formais e materiais do acordo, tais como incapacidade das partes, contrariedade à lei e à ordem pública, alterações posteriores realizadas no acordo, cumprimento espontâneo prévio e, ainda, transgressões ao procedimento de mediação, pelo(a) mediador(a), como são aquelas relacionadas à independência, imparcialidade e aos *standards* que garantem o livre e consciente discernimento das partes e, por conseguinte, a própria higidez do acordo celebrado.[22]

Por fim, deve ser dito que a Convenção de Singapura não atropela a soberania dos Estados, respeitando o direito interno do Estado executante para o reconhecimento e execução do acordo, pois preceitua que com ele devem guardar consonância as disposições do acordo. Assim, ela se mostra capaz de combinar o aceite à vontade individual das partes envolvidas com o ordenamento jurídico de seus Estados, com base na boa-fé e probidade.

---

21   SOUSA, Mariana Freitas de; LONGO, Samantha. A Convenção de Singapura sobre acordos em mediação. Disponível em: https://www.migalhas.com.br/coluna/migalhas-consensuais/347920/a-convencao-de-singapura-sobre-acordos-em-mediacao. Acesso em: 20 dez. 2021.

22   SOUSA, Mariana Freitas de; LONGO, Samantha. A Convenção de Singapura sobre acordos em mediação. Disponível em: https://www.migalhas.com.br/coluna/migalhas-consensuais/347920/a-convencao-de-singapura-sobre-acordos-em-mediacao. Acesso em: 20 dez. 2021.

CAPÍTULO 6
Conciliação

Definição

Nas palavras de Maria Lúcia Pizzotti, antiga juíza da 32ª Vara Cível do Fórum Central João Mendes, ora Desembargadora do Tribunal de Justiça de São Paulo:

> Conciliação é uma forma nova, ágil e extremamente diferenciada de prestar-se a jurisdição, trazendo as partes para uma audiência. Na presença do conciliador, conversarão entre si e farão a proposta. Se aceita, a proposta é homologada no mesmo dia pelo juiz, pondo fim ao processo, sem que haja recurso ou qualquer tipo de burocracia (PIZZOTTI apud ERDELYI, 2005).

Dando continuidade, parafraseando, em linhas gerais, Ruberlei Bulgarelli, quando o autor faz comentários sobre o instituto, a conciliação se refere a uma iniciativa a partir da qual os agentes envolvidos se esforçam para a sanação de litígios, valendo-se da ajuda de um terceiro que atue como um conciliador, agindo de maneira imparcial e gerenciando as partes para uma melhor solução, também oferecendo alternativas.

O distanciamento básico do instituto ao ser comparado à mediação consiste na intervenção do conciliador na proposição de soluções, o que não é evidenciado na mediação.

Conciliação e transação

Conciliação e transação (arts. 840 a 850 do CC) parecem apresentar terminologia sinonímica. Muitas vezes, aliás, é assim que a norma se dirige aos dois. Pode-se observar para isso o art. 584, III, do CPC/73, revogado pela Lei n. 11.232/2005,[1] que, ao delinear os títulos executivos judiciais, estabelece como um dos títulos "a sentença homologatória de conciliação ou de transação".[2] Ocorre que, também, em outros momentos, parecem ser termos díspares, já que, por seu turno, o art. 269, III, do CPC/73 (art. 487, III, *b*, do CPC/2015[3]) afirma que o processo será extinto com o julgamento do mérito "quando as partes transigirem" (e não conciliarem), enquanto o art. 331, § 1º, do CPC/73 (art. 334, do CPC/2015[4]), ao tratar da audiência preliminar, define que obtida a conciliação (e não transação), esta será reduzida a termo e homologada por sentença.

Logo, persiste a dúvida acerca do real significado carreado a ambos os termos, já que muitas vezes o próprio legislador não prima por uma perfeita técnica, utilizando expressões iguais com significados diversos e expressões diferentes com significado comum.

A *conciliação* é um ato que tem em vista as partes no propósito de prevenirem ou resolverem um litígio. Refere-se à conduta – as partes se conciliaram. Por seu turno, a *transação* diz respeito ao conteúdo – aquilo que a transação versou sobre. Assim, é possível referendar que no processo a *conciliação* acontece mediante uma *transação*. As partes se conciliam transigindo.

Mas a conciliação é um termo que vai além da transação. A rigor, os litigantes poderiam se conciliar desistindo da ação, como ilustração, ou mesmo renunciando a esta após o seu ingresso em juízo.

Entretanto, o legislador entendeu por bem considerar a conciliação por intermédio da transação. O Código de Processo Civil, ao tratar da conciliação, refere-se a esta ocorrendo por meio de transação.

É por isso que o legislador afirma, no art. 269, III – equivalente ao art. 487, III, *b*, do CPC/2015 –, que o processo será extinto com o julgamento do méri-

---

1   Estabelece a fase de cumprimento das sentenças no processo de conhecimento e revoga dispositivos relativos à execução fundada em título judicial, além de dar outras providências.

2   Para Francesco Carnelutti, "a transação é a solução contratual da lide e, por tal razão, equivalente contratual da sentença" (CARNELUTTI, 1914, p. 580).

3   "Art. 487. Haverá resolução de mérito quando o juiz: [...] III – homologar: [...] *b)* a transação; [...]."

4   "Art. 334. Se a petição inicial preencher os requisitos essenciais e não for o caso de improcedência liminar do pedido, o juiz designará audiência de conciliação ou de mediação com antecedência mínima de 30 (trinta) dias, devendo ser citado o réu com pelo menos 20 (vinte) dias de antecedência."

to "quando as partes transigirem". Poderia ter afirmado "quando as partes se conciliarem", mas isso seria dizer pouco, já que a conciliação é uma conduta das partes – é o ato de se colocar em harmonia; e a transação é o acordo mediante concessões mútuas. A proximidade se dá na natureza jurídica dos dois institutos, qual seja: negócio jurídico bilateral (art. 104 do CC).

Classificação da conciliação: conciliação judicial e extrajudicial

Ultrapassada a discussão sobre *conciliação* e *transação*, cabe a melhor distinção entre a conciliação judicial e a extrajudicial.

A conciliação judicial é a que acontece no transcurso de um processo e se dá para o processo. Facilitando a compreensão, ocorre no processo quando as partes, numa atividade judicial conflituosa, alcançam um acordo de vontades sobre o objeto do conflito e tal acordo é homologado pelo juiz. Ainda na mesma ideia, ocorre para o processo quando as partes apresentam esse acordo de vontades para homologação. Nos dois casos haverá uma sentença homologatória de conciliação, que será um título executivo judicial.

A conciliação extrajudicial é a que se dá por meio de contrato, a que a lei designa por *transação*, em que os sujeitos de uma obrigação em litígio se conciliam mediante concessões mútuas. Esse acordo nascendo, dar-se-á por escrito, com a assinatura dos envolvidos e ainda com duas testemunhas o assinalando. Evidentemente, também será um título executivo extrajudicial.

Conciliação como meio extrajudicial de solução de conflitos

É evidente que o objeto deste manual é tratar dos meios extrajudiciais de solução de conflitos propriamente ditos. Pensando dessa forma, importa nas próximas linhas começar a relatar em minúcias e pormenores muito mais o alvo das discussões. Os expedientes imediatamente anteriores se preocuparam em relatar alguns pontos que são considerados interessantes sobre a conciliação, mas daqui para frente, enxerga-se com mais afinco o propósito de se discutir sobre a conciliação como um meio extrajudicial de solução de conflitos.

A rigor, a conciliação – como os demais MESCs – ganha luz ao oferecer um meio alternativo de solução de conflitos ao Poder Judiciário, que apresentava dificuldade em lidar com muitas demandas. De toda sorte, também é importante discorrer que a conciliação hoje passa longe de ser um organismo com essa mera finalidade. Assim como mais adiante se posicionará acerca da arbitragem e como também se tratou na mediação, a conciliação tem de fato vida própria e não mais se afigura como um sistema alternativo.

Hodiernamente, muitos são os institutos que emprestam suas atividades e esforços buscando fomentar a prática da conciliação e, acima de tudo, "graduar" pessoas, tornando-as mais hábeis e capazes para conciliar.

A conciliação, conforme já se observou, significa uma via que mescla as disposições da mediação com características da arbitragem também. Não que o conciliador defina o conflito (sob nenhuma hipótese), mas porque ele tem um papel mais proativo do que o do mediador, podendo e devendo de fato atuar de maneira mais incisiva na questão que atinge os litigantes.

Se na mediação o mediador deve conduzir as discussões, melhorando a comunicação e o diálogo das partes e facilitando para que elas alcancem uma reaproximação, na conciliação, o que se tem é um agente que realmente dirige com mais poder as discussões e ao final conduzem as partes ao denominador comum. Ele não apenas media a discussão, mas de fato concilia para que se chegue a um acordo.

Demonstrando a habilidade e o caráter decisório da conciliação, o Conselho Regional de Odontologia do Estado do Rio Grande do Sul em muito colaborou em situação envolvendo tratamento odontológico, apontando a sua opinião, que mais adiante acabou por auxiliar a decisão do tribunal daquele estado, inclusive em matéria consumerista tratada pela Lei n. 8.078/90 (CDC) conforme se vê:

> Apelação cível. Responsabilidade civil. Tratamento odontológico. Defeito do serviço. *Conciliação extrajudicial.* Colocação de prótese defeituosa. Dever de indenizar. Dano moral. Valor da indenização. Honorários de sucumbência. I – Juízo de admissibilidade. Negativa de seguimento ao apelo interposto pela ré [...], que deixou de preparar o recurso, mesmo após o indeferimento do benefício ad AJG e intimação expressa para que o fizesse em prazo judicial. II – Regime jurídico aplicável. As clínicas odontológicas e os demais estabelecimentos da saúde respondem nos termos do Código de Defesa do Consumidor (art. 14), sendo que somente serão responsabilizados quando comprovada a culpa do profissional liberal prestador de serviços (cirurgião-dentista). O tratamento odontológico configura prestação de serviços na área da saúde, cuidando de matéria submetida à legislação consumerista. A aferição de sua responsabilidade civil depende da apuração de culpa, conforme a regra do art. 14, § 4º, do CDC. III – Responsabilidade civil. 1 – Prova dos autos que indica que houve a lesão culposa de dentes estranhos ao procedimento contratado, sendo que a prótese colocada

54 MANUAL DOS MESCS

posteriormente, a partir de *conciliação* mediada pelo Conselho Regional de Odontologia, também se mostrou defeituosa. 2 – Majorado o valor da indenização fixada para compensação de danos morais, conforme circunstâncias do caso concreto e parâmetros do Colegiado. Correção monetária pelo IGP-M que flui desde o arbitramento, na forma da Súmula n. 362, do Superior Tribunal de Justiça. Juros de mora de 12% ao ano que fluem desde a data da citação, dado tratar-se de ilícito contratual. IV – Honorários de sucumbência. Mantida a alíquota fixada na origem, pois de acordo com o art. 20, § 3º, do Código de Processo Civil. Não conheceram do apelo da ré [...]. Desproveram ao apelo da ré [...]. Proveram parcialmente ao recurso adesivo. Unânime. (TJRS, Ap. cível n. 70.051.164.051, 9ª Câm. Cível, rel. Iris Helena Medeiros Nogueira, j. 15.05.2013) [grifos nossos]

Para finalizar a distinção entre os referidos institutos, Professor Portugal Bacellar afirma que:

A conciliação é opção mais adequada para resolver situações circunstanciais, como indenização por acidente de veículo, em que as pessoas não se conhecem (o único vínculo é o objeto do incidente), e, solucionada a controvérsia, lavra-se o acordo entre as partes, que não mais vão manter qualquer outro relacionamento; já a mediação afigura-se recomendável para situações de múltiplos vínculos, sejam eles familiares, de amizade, de vizinhança, decorrentes de relações comerciais, trabalhistas, entre outros. Como a mediação procura preservar as relações, o processo mediacional bem conduzido permite a manutenção dos demais vínculos, que continuam a se desenvolver com naturalidade durante a discussão da causa (BACELLAR, 2003, p. 231).

Assim, engendra acesso a um término a partir de um acordo entre as partes, motivado novamente pela figura de um terceiro equidistante, que age a fim de resolver o entrave.

No caso, os autores da disputa selecionam o conciliador e determinam que este deverá orientá-los na obtenção de ajuste.

Para o autor César Fiuza, se refere ao "processo pelo qual o conciliado tenta fazer com que as partes evitem ou desistam da jurisdição, encontrando denominador comum" (FIUZA, 1995, p. 56).

O Conselho Nacional de Justiça, ao aduzir a conciliação, interpreta-a como:

um meio alternativo de resolução de conflitos em que as partes confiam a uma terceira pessoa (neutra), o conciliador, a função de aproximá-las e orientá-las na construção de acordo. O conciliador é uma pessoa da sociedade que atua, de forma voluntária e após treinamento específico, como facilitador do acordo entre os envolvidos, criando um contexto propício ao entendimento mútuo, à aproximação de interesses e à harmonização das relações (CONSELHO NACIONAL DE JUSTIÇA, 2010).

O Tribunal de Justiça do Estado do Paraná mantém o mesmo entendimento a respeito da conciliação.

Continuando os entendimentos, parafraseando o Professor Rodrigo Almeida Magalhães, novamente em linhas gerais, o conciliador age como uma conexão, um elo. Para o autor, a finalidade desse terceiro interventor vem a ser a de levar os envolvidos a um denominador comum por intermédio da identificação de entraves e a apresentação de soluções plausíveis. O autor relembra que o terceiro não precisa ser necessariamente neutro (diferentemente do mediador), podendo então interferir no mérito das questões. Entretanto, o conciliador não define o conflito, mas apenas sugere posições.

Portanto, conciliar é fazer com que as partes cheguem a um acordo em relação a um conflito, podendo o conciliador meramente sugerir decisões, sem julgar.

Planejamento da sessão

Momento prévio

Para promover uma atmosfera de respeito entre as pessoas envolvidas na audiência/sessão de conciliação e contribuir para que a reunião seja bem-sucedida, é importante que o conciliador chegue ao local da conciliação antes do horário da audiência/sessão, a fim de se preparar adequadamente, concentrando-se e imbuindo-se do sentimento de sua função.

Rever as técnicas, estratégias e ferramentas que deseja empregar durante a sessão, assim como a organização prévia do ambiente (mobiliário/material), colabora para que as pessoas se sintam bem acolhidas. Deve-se ter um lugar sem símbolos estatais, como bandeiras, símbolos da magistratura, togas, já que a conciliação é um meio extrajudicial informal.

O conciliador deve centrar-se no caso em questão, buscando conhecer de antemão a natureza do conflito, o que o auxilia a ter mais segurança na condução da conciliação, podendo, se necessário, esclarecer possíveis dúvidas com juízes, coordenadores e conciliadores-orientadores.

Como proceder anteriormente à chegada dos participantes

Antes dos envolvidos chegarem, o conciliador deverá:

1. Preparar o local no qual será realizada a conciliação: mesa, iluminação, temperatura ambiente, privacidade, água, café, local de espera, materiais de escritório, entre outros.
2. Revisar todas as anotações feitas sobre o caso e, se possível, memorizar o nome das partes. Quando for possível saber o nome das partes somente durante a conciliação, anotá-los pode ser de utilidade.
3. Caso haja mais de um conciliador, é fundamental que se preparem quanto ao modo como cada um deverá atuar. É interessante que eles dividam, entre si, as informações a serem apresentadas às pessoas e estabeleçam que um realizará toda a apresentação e o outro completará os demais aspectos. De qualquer modo, uma divisão igualitária é recomendável, pois evitará o direcionamento do diálogo para apenas um dos conciliadores, e também permitirá uma melhor percepção, pelas partes, da harmonia do trabalho por eles realizado.

Posicionamento das partes à mesa durante a conciliação

Alguns preparativos no local da audiência/sessão de conciliação e na organização do trabalho podem auxiliar no êxito da conciliação. Portanto, uma verificação prévia das condições físicas da sala de conciliação e conhecimento do conflito a ser trabalhado são itens indispensáveis para o alcance desse êxito.

Na audiência/sessão de conciliação, todos devem se sentir fisicamente confortáveis, concentrados e seguros, dentro de um ambiente que garanta a privacidade das partes.

A disposição dos assentos e a forma como serão ocupados durante a audiência/sessão de conciliação transmitem muito mais informações do que se possa imaginar. Trata-se de uma forma de linguagem não verbal que deve ser bem analisada, a fim de que se possa perceber o que os envolvidos podem esperar da conciliação e como irão se comportar nesse ambiente. A disposição física dos presentes deverá se dar conforme o número de pessoas e o grau de animosidade entre elas.

O posicionamento do conciliador em relação às partes também é de grande importância, já que a qualidade, imparcialidade, aptidão e liderança podem ser transmitidas, em muito, por esses aspectos. Dessa maneira, ele deve se posicionar com igual distanciamento em relação às partes. Quanto à liderança, seu posicionamento deve se dar de modo a conseguir administrar e controlar todo o desenvolvimento da audiência/sessão de conciliação.

No caso de uma audiência/sessão de conciliação ser conduzida por mais de um conciliador, é importante que se sentem próximos um do outro, para facilitar a comunicação entre eles.

Como receber as pessoas

O conciliador deve recepcionar as pessoas, procurando estabelecer um ambiente de cordialidade e acolhimento. Deve, também, cumprimentar cada uma delas para que se sintam calmas e confortáveis. Contudo, não deve conversar em demasia, para manter certo grau de objetividade.

Apresentação (abertura)

A abertura da audiência/sessão de conciliação deve ser realizada de forma clara e objetiva, esclarecendo às pessoas sobre a proposta e a dinâmica da conciliação.

É o momento em que se explica como a conciliação se desenvolve, quais as regras que deverão ser seguidas, sempre no intuito de deixar as pessoas confortáveis e seguras quanto ao desenvolvimento da conciliação.

O conciliador deve ter o cuidado de não direcionar mais atenção a uma das pessoas do que à outra, conversando – por exemplo – ou se portando mais amigavelmente com uma delas. Caso isso venha a ocorrer, uma das partes provavelmente terá a impressão de que o conciliador está sendo parcial.

É muito importante apresentar algumas palavras de encorajamento; por isso, é interessante que o conciliador elogie o esforço de cada uma das partes de tentar resolver seu conflito ou dificuldade, utilizando a conciliação. Ao mesmo tempo, ele deve cientificar as partes de que, nos processos conciliatórios, em situações semelhantes à que elas estão vivenciando, tem-se logrado êxitos bastante expressivos, uma vez que, além de se solucionar o problema específico, também se possibilita uma oportunidade para que as partes saiam satisfeitas com o processo e até consigam manter um relacionamento posterior satisfatório.

É na fase de abertura que o conciliador estabelece sua presença e sua autoridade como condutor da audiência/sessão de conciliação, devendo se apresentar como um auxiliar e facilitador da comunicação entre as partes. Seu objetivo – desde já deve ser explicitado – não é induzir ninguém a um acordo que não seja satisfatório. Pelo contrário, o que se deseja é que as partes, em conjunto, cheguem a um acordo que as faça se sentirem contentes com o resultado. Ao mesmo tempo, o conciliador deve deixar claro que buscará fazer com que elas consigam explicitar suas metas e interesses e, desse modo, possam, construtivamente, criar e encontrar suas próprias soluções.

Para tanto, o conciliador deve portar-se de forma a despertar nas partes o sentimento de confiança em sua pessoa e imparcialidade, sendo útil desse modo que, ao conversar, olhe para cada um dos presentes de modo equilibrado e calmo. É importante dizer aos envolvidos que o conciliador não é juiz e, por isso, não irá proferir julgamento algum em favor de uma ou outra pessoa envolvida no conflito. Ademais, deve ele frisar a sua imparcialidade e confiança no sucesso da conciliação que está em curso. Um exemplo de como se expressar: "Devo lembrá-los de que não sou juiz e, portanto, não irei prolatar nenhuma decisão em favor de uma ou outra parte. Minha atuação será imparcial, sempre no intuito de auxiliá-los a terem uma negociação eficiente". Ou seja, é importante que fique claro que a decisão do acordo caberá as partes.

O conciliador, portanto, deve agir como um educador no processo de conciliação e como condutor das regras que deverão ser empregadas durante a conciliação.

Cabe ao conciliador explicar de forma objetiva como a audiência/sessão se desenvolverá, enfatizando, logo no início, que cada um dos participantes terá a sua vez para se expressar. Durante a audiência/sessão, o conciliador disciplina o diálogo, cuidando para que um não interrompa o outro e diligenciando para que as pessoas tenham a oportunidade de falar e ouvir umas às outras, sempre de forma cordata e organizada.

Desde já, deve o conciliador combinar sobre a participação do advogado quando este estiver presente, uma vez que o engajamento de todos é fundamental para a construção do acordo. É conveniente também que o conciliador faça uma previsão da duração da audiência/sessão de conciliação, com base em sua experiência ou na política institucional do tribunal. Todavia, é importante ter em mente que cada caso tem suas particularidades, que podem levar a uma reorganização do planejamento dos trabalhos. Naturalmente, tratando-se de conciliação, há também a questão da pauta, pois uma audiência/sessão que se atrasa afeta todas as demais daquele conciliador.

Para um adequado desenvolvimento das técnicas autocompositivas, sugere-se que o tempo mínimo planejado para cada conciliação seja de 30 a 45 minutos. Isso porque, em conciliações realizadas em menos de 15 minutos, o conciliador somente tem tempo para se apresentar, ouvir resumidamente os envolvidos e apresentar uma proposta de solução – que se considera, como indicado anteriormente, uma forma excessivamente precária de se conduzir uma conciliação.

Na fase de abertura – etapa fundamental do processo de conciliação – tem-se o propósito de deixar os participantes da audiência/sessão cientes da dinâmica de trabalho, de estabelecer um tom ameno para o debate das questões por eles suscitadas, de fazer com que o conciliador ganhe a confiança das pessoas e, desde já, explicite as expectativas quanto ao resultado do processo que se está a iniciar.

Exemplo de abertura

"Bom dia! Meu nome é [...]. Qual é o nome dos senhores? Bem-vindos à audiência/sessão de conciliação.

Vocês já participaram de uma audiência/sessão de conciliação antes?

É importante que saibam que a conciliação é uma prática na qual as pessoas podem elas mesmas resolver os seus conflitos por meio do diálogo.

Eu sou conciliador e a minha tarefa é facilitar o diálogo entre vocês e auxiliá-los a encontrar uma solução para o problema, que atenda satisfatoriamente a ambos.

É certo que o acordo é uma melhor opção, não só porque resulta em uma solução mais rápida do problema, mas principalmente porque os senhores podem encontrar uma resposta que satisfaça a ambos, uma vez que conhecem a questão melhor do que qualquer outra pessoa possa vir a conhecer.

Gostaria de acrescentar que aqui não é lugar para se discutir quem está certo ou quem está errado, mas sim para estudar propostas e escolher a que for melhor para os senhores.

Para se chegar a um acordo é necessário conversarmos sobre o que os trouxe até aqui. Esse diálogo, contudo, para ser positivo, deve seguir algumas regras básicas: cada um de vocês falará individualmente, e o outro o ouvirá sem interromper; todos terão a chance para falar, e o que for falado aqui será mantido em sigilo.

Agora, vamos conversar sobre o que os trouxe aqui [...]."

Esclarecimento ou investigação das propostas das partes

Um aspecto importante no processo da conciliação consiste em conhecer os fatos e informações importantes sobre o problema, procurando identificar o que realmente as pessoas pretendem resolver. A escuta atenciosa das partes é a chave para conhecer seus reais interesses e o meio de chegar a acordos nos quais esses interesses sejam respeitados. O conciliador deve estar disponível para ouvir as pessoas com atenção, disciplinando-se para não fazer julgamentos enquanto o outro fala.

Deve evitar, ainda, interromper o pensamento do outro, não se precipitando para concluir ou direcionar a discussão.

Criação de opções/escolha de opção

Negociação perante a conciliação

A negociação é um processo de comunicação que tem por objetivo a construção de soluções para o conflito. Ela é realizada pelas partes com a ajuda do conciliador, que, nesse sentido, participa da negociação com a função de facilitar o diálogo, coordenar a discussão, organizar as propostas apresentadas e elaborar uma síntese dessas.

Na negociação o conciliador estimula as partes a conversarem de forma objetiva sobre as alternativas para a redução dos seus conflitos, o que proporciona soluções participativas e responsáveis, fazendo com que os envolvidos se comprometam com a resolução de suas questões.

Embora esteja presente onde há conflito, a negociação, para ser bem-sucedida, utiliza técnicas próprias e específicas que ajudam a criar um clima de acordo, em que a ética e o respeito ao outro sejam a tônica e que os *interesses* das partes possam ser atendidos sem prejuízo de nenhuma delas.

Técnicas de negociação

Identificação do problema

Um ponto importante ao se deparar com uma questão de conciliação consiste em identificar claramente qual é o seu objetivo, ou seja, ter clareza do que se pretende resolver. Trata-se de buscar todos os fatos e informações relevantes sobre o problema. Uma vez identificados, será possível descrever a situação problemática de maneira clara, distinguindo as informações importantes das irrelevantes, separando os fatos verdadeiros das suposições e interpretações não comprovadas.

Reformulação

Dar uma nova formulação ao problema, mudando a perspectiva conceitual ou emocional em relação à forma como é vivenciado pelas partes. Muda-se o significado atribuído à situação, e não aos fatos ocorridos.

Conotação positiva do conflito

Transformar fatos acusatórios em temas positivos e de interesse comum, ressaltando especialmente as características e qualidades positivas das pessoas.

Foco nos conflitos, e não nas pessoas

Frequentemente, as partes envolvidas em um conflito sentem-se adversárias, envolvendo-se em questões pessoais que não deveriam ser objeto da negociação naquele momento. Quando isso acontece, as emoções se sobrepõem, aumentando as dificuldades para solucionar o problema.

Concentrar-se nos interesses

Os interesses são os desejos e as preocupações das partes, e que na maioria das vezes aparecem em uma negociação encobertos por posições iniciais rígidas. Isso dificulta sobremaneira uma negociação, à medida que não proporciona flexibilidade aos negociadores e a todo o processo da conciliação, além de, em muitos casos, poder inclusive encobrir efetivamente o que se pretende atingir, ou seja, os interesses básicos que estão por trás da negociação.

As posições são sempre claras. Os interesses nem sempre são expressos ou coerentes. Uma maneira de descobri-los é perguntando: O que você pretende? Por que almeja isso?

Encontrar critérios objetivos

Outra ferramenta importante refere-se a encontrar critérios objetivos para a solução do problema. A busca do melhor acordo possível deve passar pela mais vasta gama de soluções, sempre com a preocupação de procurar interesses comuns que conciliem, de maneira criativa, os interesses divergentes das partes. Porém, como escolher a melhor opção dentro do amplo leque que frequentemente se consegue montar? Nesse sentido, é importante que o acor-

62 MANUAL DOS MESCS

do reflita algum padrão justo, razoável e que seja consenso entre as partes envolvidas. Pode-se, por exemplo, tomar como referência o valor de mercado, uma opinião especializada ou uma lei.

Assim, ao discutir as soluções, nenhum dos lados precisa ceder ao outro. Ambos devem, isto sim, acatar uma solução justa, baseada em critérios previamente discutidos e aceitos. Para resolver interesses conflitantes, as pessoas devem acordar no que seja, no mínimo, justo para ambas as partes.

Busca de opções de ganhos mútuos

Normalmente, as partes envolvidas em uma negociação acreditam existir uma única alternativa para a solução do problema, e caminham nessa direção. Isso se deve a alguns fatores: acomodação, ausência de criatividade para buscar outras opções, falta do hábito de buscar diferentes soluções. Sendo assim, quanto mais forem estimuladas a criarem alternativas de ganhos mútuos, mais facilmente chegarão a um acordo.

O conciliador deve estar sempre atento à forma de comunicação estabelecida entre as partes, pois esta pode favorecer ou dificultar o desenvolvimento de uma negociação satisfatória entre elas. Atitudes como julgamento prematuro, busca de uma resposta única e preocupação exclusiva com os próprios interesses pode inibir a criação de opções alternativas para a solução do conflito.

Lavratura de acordo

Finalizada a composição do acordo, o conciliador deverá registrá-lo em formulário específico (ata/termo de acordo), em uma linguagem clara contendo as condições e especificações tal como elas foram acordadas. É importante fazer a leitura, para os envolvidos na conciliação, do que foi registrado, visando pleno conhecimento e dirimindo dúvidas com relação à sua composição final.

Esse momento também é propício para orientá-las sobre outras questões (quando for o caso: conta bancária, mandado de averbação, encaminhamentos etc.), para que finalizem os trabalhos de conciliação esclarecidos e acolhidos em suas necessidades.

O setor de conciliação em primeiro grau no Fórum João Mendes

O Fórum João Mendes Jr. é uma referência do Poder Judiciário do Estado de São Paulo, inclusive o maior tribunal da América Latina. Por lá passam mais de quinze mil pessoas diariamente. A Cidade de São Paulo oferece uma rede de fóruns regionais, além do citado, tendo em vista a complexidade da capital paulistana e o número de problemas que lá se acumulam.

Infelizmente, o Judiciário se mostra moroso em relação aos problemas dos cidadãos e das empresas. Por isso, a antiga Juíza da 32ª Vara Cível do Fórum João Mendes Jr., Dra. Maria Lúcia Pizzotti, iniciou uma batalha profissional em 2004: buscar uma solução para agilizar o serviço naquele que é considerado o maior Fórum da América Latina, ofertando uma maneira célere de se alcançar justiça, principalmente para aqueles que não acreditavam mais no Judiciário paulista; assim, criou-se o Setor de Conciliação no Fórum e no Tribunal (1º e 2º graus de jurisdição).

O principal problema em conseguir uma solução, nesse caso, não seria apenas a falta de recursos financeiros, mas a mentalidade do operador do Direito, que ainda vislumbra o positivismo jurídico como o único aceitável e o silogismo regular como a forma de raciocínio; por esse pensamento, verifica-se que o Poder Judiciário está em crise, não só pela quantidade de processos, mas pela falta de crença da população em relação a ele. Os cursos de Direito também passam pela mesma crise, haja vista que somente poucos bacharéis encontram emprego e até mesmo estágio no primeiro ano após formados.

O Setor de Conciliação, atualmente, deverá ser instalado em todos os Fóruns do Estado de São Paulo por força dos provimentos, ajudando no acesso à justiça e contribuindo para uma nova formação do operador do Direito, já que 50% dos processos do Fórum João Mendes Jr. são enviados ao Setor e 40% dos processos conseguem ser extinguidos pela conciliação, gerando rapidez e confiança dos serviços ora prestados pelo Poder Judiciário.

O Conselho da Magistratura do Estado de São Paulo informou que na Justiça Estadual de 1º Grau em São Paulo foram distribuídas, em 2003, mais de 5 milhões de ações. Em dezembro de 2015, verificou-se que existem aproximadamente 11 milhões de processos em tramitação. Foi realizado 1 milhão de audiências.

No segundo grau de jurisdição existem atualmente 205.695 processos aguardando distribuição. Diariamente, o Tribunal de Justiça de São Paulo recebe 545 processos (novos recursos). Em 31 de dezembro de 2015 ainda estavam sendo distribuídas as apelações ingressadas em 1999.

Em razão desses dados, o Tribunal de Justiça do Estado de São Paulo criou o Plano Piloto de Conciliação, e sua implementação foi por meio do Provimento Superior do Conselho de Magistratura.

A primeira sessão de conciliação em segundo grau de Jurisdição ocorreu em 28 de março de 2003, e a primeira sessão de conciliação contou com a participação de catorze conciliadores, que, na maioria, eram juízes e desembargadores aposentados. Atualmente existem 52 conciliadores, sendo na maior parte advogados; já em primeiro grau, mais de 200 conciliadores trabalham voluntariamente no setor.

Nos dois primeiros meses de 2016, houve 55% de êxito nos casos em que foi designada a conciliação, ressaltando-se a importância de se criar a cultura do acordo, da transação. A ideia, agora, seria a implementação do setor nas faculdades de Direito, a fim de formar uma nova mentalidade e um novo operador do Direito.

O próprio Ministério da Educação (MEC) pontua as faculdades que instalam o setor de arbitragem, conciliação e mediação, mas o mais importante seria uma educação dirigida, ainda mais com o novo Código de Processo Civil, para que os futuros operadores do Direito possam se preparar para esse novo mercado de trabalho que aparece nos dias de hoje.

CAPÍTULO 7
Arbitragem

Definição do instituto

A Lei de Arbitragem no Brasil (Lei n. 9.307/96) não traz uma definição do instituto, cabendo assim à doutrina a tarefa de fazê-lo.

Ante o exposto, parece-nos que o melhor conceito para o instituto em comento é o trazido pelo Prof. Charles Jarrosson em sua tese de doutorado sobre a noção de arbitragem: "A arbitragem é a instituição pela qual um terceiro resolve o litígio que opõem duas ou mais partes, exercendo a missão jurisdicional que lhe é conferida pelas partes" (JARROSSON, 1987, n. 785).

Existem outras definições, além dessa, que não podem ser desconsideradas. Entre elas está o conceito clássico dado pelo Prof. Philippe Fouchard, que traz: "Pela arbitragem, às partes convém submeter o litígio ao julgamento de particulares que elas escolheram" (FOUCHARD, 1965, n. 11).

Outra que não poderia ser ignorada é a apresentada por René David:

> A arbitragem é uma técnica que visa a dar a solução de uma questão, que interessa às relações entre duas pessoas, por uma ou mais pessoas – o árbitro ou árbitros – que detêm os seus poderes de uma convenção privada e julgam com base nessa convenção, sem serem investidos desta missão pelo Estado (DAVID, 1982, p. 9).

O doutrinador Carlos Alberto Carmona interpreta a arbitragem como um meio heterocompositivo de solução de controvérsias diferente da mediação e da conciliação, porque estas tratam de meios autocompositivos de soluções

66 MANUAL DOS MESCS

de litígios. O nobre conhecedor da matéria da arbitragem a define, a rigor, como "um mecanismo privado de solução de litígios, através do qual um terceiro, escolhido pelos litigantes, impõe a sua decisão, que deverá ser cumprida pelas partes" (CARMONA, 2009, p. 31).

Para Alexandre Câmara, a arbitragem deve ser conceituada como uma forma paraestatal de solução de controvérsias inserida nas conquistas alcançadas pela "terceira onda renovatória do direito processual" (CÂMARA, 1997, p. 6).

Por fim, segundo Carreira Alvim, "a arbitragem é a instituição pela qual as pessoas capazes de contratar confiam a árbitros por eles indicados ou não, o julgamento de seus litígios relativos a direitos transigíveis" (CARREIRA ALVIM, 2000, p. 14).

Em suma, a arbitragem é o instituto pelo qual as pessoas capazes de contratar confiam a terceiros (árbitros), por elas indicados ou não, a pacificação de seus litígios relativos a direitos disponíveis.

Com base em uma análise dos conceitos apresentados, podemos aos poucos ter uma ideia dos princípios norteadores desse instituto tão importante na sociedade atual.

Histórico da arbitragem

Até por todo o exposto, não oferece qualquer novidade dizer que a arbitragem surgiu como meio alternativo de solução de conflitos, principalmente em virtude do esgotamento do sistema jurídico brasileiro, saturado pela grande quantidade de processos judiciais.

Nesse sentido, é importante voltar a bater na tecla de que a arbitragem, ou melhor, os meios extrajudiciais de solução de conflitos, são muito mais do que meramente métodos alternativos para resolver entraves. Ou seja, se eles nasceram, tempos atrás, com o propósito de fuga – uma opção para o sistema jurídico atolado em problemas –, hoje, conforme já se avançou, os meios extrajudiciais de solução de conflitos têm eficácia própria e vida autônoma, não mais significando simplesmente uma alternativa.

Um pouco mais a fundo, de todo modo, traçando-se um histórico do instituto, comenta-se que a arbitragem começou a ser utilizada ainda na civilização babilônica, cerca de 3.000 anos antes de Cristo. Isso porque, já naquele período, quando da existência de um conflito entre as pessoas, as resoluções se davam pelo meio privado. O grande problema, no entanto, é que essa solução se dava também por intermédio da modalidade de autotutela, isto é, pela "justiça pelas próprias mãos".

CAPÍTULO 7 – ARBITRAGEM   67

Naturalmente, os caminhos da época, dentro dessa linha, passavam longe de uma justiça propriamente dita. Não foram poucas as vezes em que o caso concreto, levado a uma solução totalmente despreparada, era produto de ainda maior distanciamento de uma resolução equilibrada.

Mais adiante, na Grécia antiga, Platão tratou da elaboração do conceito para um formato que, ainda que por linhas tortas, assemelhava-se à arbitragem na via atual. Comentando a respeito das pessoas investidas na posição de julgadores, afirmou: "que os primeiros juízes sejam aqueles que o demandante e o demandado tenham eleito, a que o nome de árbitros convém mais do que o de juízes, que o mais sagrado dos Tribunais seja aquele que as partes tenham criado e eleito de comum acordo".

Mais à frente, já na Idade Média, tendo em vista a figura de um Estado incipiente que à época vigorava, entre proprietários feudais, barões e cavaleiros, era comum uma iniciativa privada que procurava afastar conflitos bélicos. A rigor, trata-se de um espaço temporal em que a instabilidade jurídica pulsava em decorrência dos desequilíbrios socioeconômicos, das querelas de cunho religioso, da fraqueza do Estado bem como por conta da ausência de uma legislação firme. Sob esse cenário, era mais natural a utilização de um meio privado de solução de litígios.

Dando passos mais largos, já no Brasil, diga-se, a primeira aparição relevante do instituto se deu na Constituição Imperial de 1824, que em seu art. 160 dispunha que "nas cíveis, e nas penas civilmente intentadas, poderão as partes nomear juízes árbitros. Suas sentenças serão executadas sem recurso, se assim convencionarem as mesmas partes" (BRASIL, 1824).

Algumas décadas depois, já em 1850, o Código Comercial daquele ano destacava a arbitragem compulsória em determinadas questões de natureza mercantil. Esta, obrigatoriamente, como informação, foi expurgada em 1866 por meio da Lei n. 1.350,[1] regulamentada pelo Decreto n. 3.900 de 1867.[2]

No que concerne ao direito internacional público, o instituto também foi bastante utilizado nas questões que envolveram as fronteiras na Região Norte nos episódios da incorporação do território do Acre ao Estado Boliviano.[3]

Já no final do século passado, muitos esforços também foram feitos no sentido de se criar uma Lei de Arbitragem propriamente dita em solo brasileiro. Isso ocorreu efetivamente em meados dos anos 1990. Porém, importa rela-

---

1   Publicada em 14 de setembro de 1866. Teve como intuito derrogar o juízo arbitral necessário, estabelecido pelo art. 20, Título Único do Código Comercial.

2   Publicado em 26 de junho para regular o juízo arbitral do comércio.

3   Firmado em 17 de novembro de 1903, na Cidade de Petrópolis, o Tratado de Petrópolis teve como consequência a incorporação do Acre ao território brasileiro.

68   MANUAL DOS MESCS

tar que antes mesmo disso já houve tentativa nesse sentido nos anos 1980 mediante a publicação do Primeiro Anteprojeto de Lei sobre a Arbitragem. Este fracassou, e apenas em 1996 efetivamente nasceu a Lei de Arbitragem, que vem a ser a Lei n. 9.307/96.

Antes da lei, já havia no Brasil a utilização do instituto, conforme narrado. Mas ela obedecia a parâmetros peculiares. Inclusive, por vezes se assumia que a arbitragem era podada e existia a necessidade da homologação da sentença arbitral pelo Poder Judiciário, submetendo, dessa forma, a decisão do árbitro à apreciação do próprio Judiciário. Isso significa que a arbitragem existia sobretudo com o sentido de servir como alternativa ao Poder Judiciário. No entanto, na medida em que a decisão do árbitro tinha de ser submetida ao próprio sistema Judiciário, construía-se o cenário em que as partes escapavam da via judicial ordinária quando da existência de um conflito, objetivando uma discussão privada (que pudesse oferecer uma resposta mais rápida), mas, logo adiante, eram as partes obrigadas a lançar mão do próprio Poder Judiciário para referendar aquilo que havia sido decidido pelo árbitro. Dessa forma, não fazia sentido imaginar a arbitragem como um sistema alternativo ao Judiciário se, em seguida, os litigantes tinham de submeter a decisão ao magistrado.

E foi também diante desse plano de fundo – em que se tinha um Judiciário repleto de dificuldades e em que a arbitragem, ao fim e ao cabo, tinha de buscar aceitação do primeiro para existir – que setores sociais se movimentaram com o propósito de incutir um dispositivo que fugisse ao mecanismo formal.

Em 1980, então, criou-se o Ministério da Desburocratização, que procurava criar medidas que acelerassem o acesso à Justiça.

Fora do país, o instituto já encontrava muito mais força em outras localidades. Assim, no Brasil, evidentemente passou a existir também um esforço no sentido de promover a arbitragem e de se criar uma lei que regularizasse a sistemática.

Pensando inclusive no âmbito internacional, o Brasil, em 1923, assinou o Protocolo de Genebra[4] e depois foi um dos contratantes do Tratado de Bustamante, além de ser signatário da Convenção Interamericana sobre Arbitragem Internacional no Panamá, no ano de 1975.[5] Isto é, a lei, que em

---

4   Entrou na sistemática normativa do Brasil como o Decreto n. 67.200, de 15 de setembro de 1970, que promulgou o Protocolo de Genebra de 1925 sobre a proibição do emprego, na guerra, de gases asfixiantes, tóxicos ou similares e de meios bacteriológicos de guerra.

5   Entrou na sistemática normativa do Brasil como o Decreto n. 1.902, de 9 de maio de 1996, que promulgou a Convenção Interamericana sobre Arbitragem Comercial Internacional, de 30 de janeiro de 1975.

CAPÍTULO 7 – ARBITRAGEM   69

1996 entrou em vigor no Brasil, positivou uma inspiração social que já ganhara vida décadas antes.

Mas esse nascimento ainda encontrou barreiras, e embates foram travados. Além do Ministério da Desburocratização, com grande atuação na implementação da norma, também foram criadas comissões, como a Operação Arbiter,[6] que se manifestaram com o intuito de ganhar força e positivar a norma.

Na época existiam figuras que atuavam de maneira contrária a esse passo para a modernidade, entendendo que o caminho pela arbitragem poderia significar a ausência de segurança jurídica, uma vez que se retiraria da esfera pública o poder de decisão. Abastecendo com ideias e argumentos aqueles que lutavam pela arbitragem no final dos anos 1980, o Instituto Liberal de Pernambuco levantou a bandeira afirmando que milhares de ações já tramitavam perante o Poder Judiciário sem nenhuma previsão de conclusão.

Também foi selecionado um nome importante do cenário político nacional. O então Senador Marco Maciel incorporou a Operação Arbiter, significando uma figura representativa para levar adiante os anseios dos defensores do instituto. Ademais, também foram eleitos os nomes dos Professores Carlos Alberto Carmona e Pedro Batista Martins, bem como da Dra. Selma Maria Ferreira Lemes, como aqueles que formavam a equipe dedicada à redação da lei do instituto.

Mais adiante, o Professor Guido Soares e o Desembargador Dr. José Carlos Barbosa Moreira entregaram o anteprojeto no ano de 1991. Por conta, porém, de duas demandas que fizeram parte da realidade do brasileiro no começo dos

---

6   Anterior à Operação Arbiter, três foram os anteprojetos da Lei de Arbitragem no Brasil, a saber: (i) anteprojeto de 1981, proposto pelo Executivo, que, sabedor da ineficiência e do atraso do Judiciário em face da elevada demanda à qual este era submetido rotineiramente em seus trabalhos, procurou alternativas modernas. Este anteprojeto, composto por 28 artigos, oferecera uma equiparação de efeitos entre o compromisso e a cláusula arbitral, fazendo com que a existência de um ou de outro afastasse a competência do juiz do Estado, sendo ainda desnecessária a homologação de laudo arbitral. Embora houvesse boa intenção, o projeto continha falhas técnicas de caráter decisivo, que significaram seu insucesso. (ii) O segundo anteprojeto, o de 1986, também apresentava deficiências, como a confusão entre "arbitragem" e "arbitramento". O projeto ainda não teve discussão social ampla, a partir de falhas de comunicação, o que acarretou outra derrocada. (iii) O último anteprojeto ocorreu no ano de 1988, quando houve maior discussão da sociedade acerca da questão; no entanto, o trabalho não abasteceu a questão da homologação do laudo arbitral, bem como se furtou a tratar da problemática ligada ao laudo alienígena. Tantas incongruências levaram a novo insucesso do projeto. Esses percalços geraram a "Operação Arbiter", em 1991, que, liderada pelo advogado Dr. Petrônio R. G. Muniz, procurou reunir definitivamente a sociedade e a comunidade científica, com o fito de criar uma forma alternativa e eficaz para a solução de controvérsias. Os trabalhos contaram com as presenças de Selma Maria Ferreira Lemes, de Pedro Antônio Batista Martins e de Carlos Alberto Carmona. O anteprojeto foi mostrado em reunião realizada no dia 9 de dezembro de 1991, recebeu anotações de vários setores e foi finalmente apresentado no Seminário Nacional sobre Arbitragem Comercial, realizado em Curitiba, no Paraná, em 27 de abril de 1992.

70 MANUAL DOS MESCS

anos 1990 – no caso, o *impeachment* do então Presidente da República, o senhor Fernando Collor de Mello, e depois em virtude do plebiscito acerca do regime e dos sistemas de governo do Brasil –, as discussões referentes à lei da arbitragem ficaram em segundo plano.

Poucos anos à frente, em 1995, o então Deputado Milton Mendes apresentou emendas ao projeto acerca de questões que atravancavam a discussão. Foram elas:

- a substituição da terminologia "sentença arbitral" por "laudo arbitral", pois a arbitragem, na prática, não era pertencente ao Poder Judiciário nacional, de modo que não poderia proferir sentenças;
- a retirada do art. 8º do projeto, que apontava que em contratos nulos a cláusula arbitral não deveria necessariamente ser considerada nula;
- a saída do art. 18, responsável por abolir a homologação do Judiciário a sentenças arbitrais, justificando que o dispositivo era inconstitucional;
- a inclusão de artigo que obrigasse a homologação judicial;
- a proibição do instituto nas ocorrências do Código de Defesa do Consumidor;
- e também um valor mínimo para ser pleiteado o processo arbitral.

Entretanto, ocorre que a aceitação das propostas sugeridas pelo então deputado poderia gerar a derrocada do processo, na medida em que poderia provocar insegurança jurídico-social. Assim, houve campanha com o fito de esvaziar o discurso da emenda.

Finalmente, após muitas batalhas, apenas em 1996 o projeto de lei foi aprovado pelo Congresso Nacional, recebendo a sanção presidencial em 23 de setembro do mesmo ano, sendo desta feita instaurada a Lei n. 9.307, intitulada Lei de Arbitragem. A norma, a título de informação, também é conhecida como Lei Marco Antônio Maciel, em homenagem ao seu patrono.

Em suma, os esforços tiveram como propósito situar o Brasil na mesma linha em que outros Estados, mais avançados, já tinham se posicionado.

Em 2015, a Lei n. 9.307/96 foi alterada pela Lei n. 13.129/2015, trazendo uma série de inovações que modernizam e aprimoram o instituto arbitral.

A primeira e talvez a maior mudança é apresentada no primeiro artigo, em que são incluídos dois parágrafos permitindo arbitragem pela administração pública direta e indireta.

O Superior Tribunal de Justiça já havia decidido sobre contratos celebrados por entes públicos utilizarem o método arbitral para solucionar conflitos: REsp n. 606.345/RS, 2ª T., rel. Min. João Otávio de Noronha, j. 17.05.2007, *DJ* 08.06.2007, p. 240 e REsp n. 612.439/RS, 2ª T., rel. Min. João Otávio de Noronha, j. 25.10.2005, *DJ* 14.09.2006, p. 299; porém somente quando versarem sobre atividade econômica com possibilidade de transacionar, ou seja, tendo como objeto direito patrimonial disponível.

No mesmo diapasão, a lei que alterou a Lei n. 9.307/96 altera também a Lei das S.A., que já havia sido alterada pela Lei n. 10.303, ao inserir o art. 136-A. O novo artigo dispõe sobre a inserção de convenção de arbitragem no estatuto social, obrigando todos os acionistas, quando observado o quórum qualificado do art. 136 da mesma lei. Essa alteração trouxe uma dissipação ao § 3º do art. 109 da Lei n. 6.404/76, em que não havia clareza sobre a vinculação dos acionistas na arbitragem.

Os arts. 35 e 39 trazem nova redação que já havia sido dada pela Emenda Constitucional n. 45/2004, que estabelece que o Superior Tribunal de Justiça, e não mais o Supremo Tribunal Federal, homologue ou denegue sentença arbitral estrangeira.

Dentro daquilo que sempre fora defendido, os arts. 22-A e 22-B foram também acrescentados à Lei de Arbitragem. Agora, as partes poderão, antes de instituída a arbitragem, recorrer ao Poder Judiciário para a concessão de medida cautelar ou de urgência. Porém, nesse caso, as partes deverão instituir a arbitragem no prazo de trinta dias contados da data de efetivação da decisão que concedeu a medida cautelar ou de urgência, sob pena de extinguir sua eficácia. Dando poderes aos árbitros, eles poderão manter, modificar ou revogar a medida cautelar ou de urgência concedida pelo Poder Judiciário. A partir do momento em que a arbitragem já esteja instituída, deverá dirigir-se diretamente aos árbitros, e estes têm legitimidade para pleitear a medida no Judiciário, e, ainda, com base no art. 22-C, a Lei inova trazendo importante veículo de cooperação entre Poder Judiciário e arbitragem com a carta arbitral. Com ela, os árbitros poderão requerer a colaboração do Poder Judiciário em medidas que demandem um ato estatal de força a distância para, por exemplo, o cumprimento de tutelas emergenciais; nesse caso, o Judiciário deverá cumpri-las sem fazer juízo de valor.

A Presidência da República não aprovou a inserção dessa cláusula em contratos de trabalho e em contratos de adesão relacionados a consumo. O primeiro veto veio por parte do Ministério do Trabalho, ao declarar que tal cláusula acabaria por realizar distinção indesejada entre os empregados, assim como recorreria a termo não definido tecnicamente na legislação trabalhista; já o segundo, dizendo que a cláusula teria de ser por iniciativa do consumidor, ou seja, os dois vetos para proteger a hipossuficiência do empregado e do consumidor.

Porém, no caso da cláusula arbitral no contrato de adesão, esta se perfaz por ser por adesão, conforme já tratado em outras obras de nossa autoria, ou seja, se ela for anuída pelo aderente, logo não há de se falar em invalidade da cláusula. Já na área trabalhista, depende do contrato de trabalho; a Justiça tem aceitado pelo fato de o caso não tratar o empregado como hipossuficiente, como, por exemplo, empresa e seu diretor.

O atual Código de Processo Civil também traz os MESCs com bastante ênfase, conforme já fora tratado na introdução deste *Manual*.

Arbitragem – resumo

A partir da arbitragem, as pessoas selecionam e remuneram um terceiro, imparcial e sem relação com o conflito, para que este – geralmente com maior *know-how* e experiência no assunto objeto da discussão – possa julgar e definir a questão.

A partir dessa análise *a priori* superficial, torna-se sensivelmente mais simples apurar muitos dos preceitos inseridos no instituto. Tem-se, portanto, muitas das características mais facilmente assinaladas com a própria definição da arbitragem.

Características da arbitragem

Especialização

Ora, quando dois particulares, por qualquer que seja o motivo, conflitam e não chegam a um acordo a respeito das questões que ali os envolvem, naturalmente podem, qualquer de ambas as partes, levar o conflito à apreciação do Poder Judiciário para que este, ao fim de um processo, determine aquele que tem razão, bem como os efeitos que a sua decisão gere.

Obviamente as partes levam ao conhecimento do Estado uma matéria que entendem e torcem para que o Judiciário seja plenamente capaz de solucionar.

Outrossim, geralmente as partes apenas podem novamente torcer para que o conflito que as atinge tenha resolução não tão prolongada no tempo. Porém, como muito bem se sabe, tal resultado é deveras improvável, na medida em que a forma de distribuição de justiça ordinária encontra muitos entraves, como o próprio excesso e acúmulo de processos, de tal sorte que normalmente a demanda levada ao Judiciário tende a muito demorar para se resolver.

Por fim, a demanda narrada, se levada ao Judiciário, ainda pode encontrar muitas amarras até a sua definição, na medida em que na sistemática ordinária são elevados os caminhos para se frear a resolução, assim como são muitas as maneiras de reapreciação da matéria por meio de recursos.

Celeridade

Por outro lado, pela arbitragem, conforme preanunciado, as partes selecionam o terceiro ou os "terceiros" que farão a análise e definirão o conflito que as interliga. Naturalmente, portanto, as partes não levam o conflito a um organismo que sorteará de forma aleatória aquele que o julgará, torcendo para que ele detenha maior conhecimento na matéria em questão.

Na verdade, um dos critérios para a escolha desse terceiro é a maior especialização deste na matéria em discussão, de modo que sua análise e decisão serão muito mais bem fundamentadas e dotadas de experiência.

Pela via judicial comum, um juiz, a rigor, ainda que se valha do aporte de um perito, por exemplo – sobretudo para assuntos mais técnicos –, não vivencia de fato, todos os dias, determinado assunto que na prática consiste na discussão entre as partes. Ao passo que um dos fatores para a seleção do árbitro ou do conjunto de árbitros que julgará a contenda reside justamente no fato de ele vivenciar aquela matéria de forma mais detida, por vezes em seu dia a dia. Isto é, ele mesmo, árbitro, torna-se especialista no assunto, conhecedor de suas idiossincrasias e peculiaridades. Assim, esse árbitro fica revestido de muito mais especialidade para algo julgar sobre aquele conteúdo.

Concentração de atos

Voltando à temática do tempo para a conclusão do conflito, na comparação entre apreciação pelo Judiciário e o juízo no âmbito arbitral, basta rapidamente trazer à baila o fato de que o Judiciário tem elevado contingente de novos processos para se debruçar a entender e mais à frente julgar, o que por óbvio dificulta a sua finalização.

A arbitragem apresenta número inferior e, principalmente, atos expressivamente mais concentrados e céleres, tornando o procedimento como um todo um conjunto mais rápido e não menos confiável de resolução de conflitos.

Na mesma toada, pela arbitragem não se tem possibilidades de se recorrer de decisão, tampouco inúmeras formas de se solicitar reanálises de definições, ainda que menores, o que é vislumbrado na via judicial e atravanca o processo. "Optando, as partes, pela arbitragem a sentença não fica sujeita ao duplo grau de jurisdição e também não há necessidade de homologação pelo Judiciário" (GUILHERME, 2012, p. 127).

Discutidos os elementos essenciais que compõem a arbitragem e que a distanciam da via judicial, elementar se faz discutir o que é efetivamente pas-

74 MANUAL DOS MESCS

sível de apreciação pela arbitragem e aquilo que não o é. Isso porque, conforme prevê o art. 1º do diploma legal referente à arbitragem: "As pessoas capazes de contratar poderão se valer da arbitragem para dirimir litígios relativos a direitos patrimoniais disponíveis". Assim, nas palavras de Luiz Fernando do Vale de Almeida Guilherme, "a pessoa física tem a sua personalidade mensurada por meio da capacidade que lhe é reconhecida pelo art. 1º do Código Civil: 'toda pessoa é capaz de direitos e deveres na ordem civil'" (GUILHERME, 2009, p. 48-9). Ou como explica Maria Helena Diniz, a "capacidade jurídica é a condição ou pressuposto de todos os direitos" (DINIZ, 1996, p. 99).

Irrecorribilidade

A sentença arbitral vale exatamente da mesma forma que uma sentença judicial transitada em julgado.

Informalidade

Diferentemente do procedimento guiado pela via judicial, o arbitral não é formal e, desde que dentro dos limites estabelecidos por sua lei, as partes podem atuar com maior maleabilidade, inclusive na escolha dos árbitros que serão utilizados para resolver o conflito.

Requisitos da arbitragem

Capacidade

Como determina a própria Lei de Arbitragem em seu art. 1º, poderá optar pela arbitragem aquele que puder contratar. Portanto, discorre-se acerca da capacidade civil plena, e não da processual. Ou seja, apenas os absolutamente capazes em termos civis e as pessoas jurídicas (arts. 40 a 69 do CC) regularmente constituídas podem sujeitar seus conflitos à arbitragem. Ficam assim excluídos os incapazes, as pessoas jurídicas irregulares e as entidades despersonalizadas, como a massa falida, o condomínio, o espólio e a herança jacente.

O que se exige, antes de tudo, é a capacidade de expressar a sua vontade livremente,[7] o que representa, inclusive, um dos corolários do instituto e um

---

7   "Apelação cível. Sentença arbitral. Nulidade não verificada. A assinatura do termo de compromisso arbitral pelos comprometentes espelha a aceitação da arbitragem como meio de resolução de conflito, não podendo tal documento ser alvo de questionamento judicial, pelo simples fato de o resul-

Direitos patrimoniais disponíveis

Além da primeira discussão sobre a capacidade, podem constituir objeto de arbitragem os intitulados direitos patrimoniais disponíveis. Nesse particular, vale um olhar mais detido sobre o assunto.

Tais direitos são interpretados como aqueles em que seus titulares gozam de plena disposição e se referem ao âmbito patrimonial. São direitos que têm como objeto um bem inerente ao patrimônio de alguém, referindo-se a um bem que pode ser alienado ou apropriado.

Cabe acrescentar um pouco mais a respeito de *patrimônio*, nas palavras da ilustre Maria Helena Diniz:

> seria um complexo de relações jurídicas de uma pessoa que tenha valor econômico. Inclui-se no patrimônio: a posse, os direitos reais, as obrigações e as ações correspondentes a tais direitos. O patrimônio abrange direitos e deveres redutíveis a dinheiro, consequentemente nele estão incluídos os direitos de personalidade, os pessoais entre cônjuges, os oriundos do poder de família e os políticos (DINIZ, 1999, p. 541).

Portanto, ponderando acerca dos direitos patrimoniais disponíveis novamente, importa olhar e referendar o exposto com o depoimento do Tribunal de Mediação e Arbitragem do Estado do Rio Grande do Sul, que define os direitos patrimoniais disponíveis como "aqueles referentes a patrimônio em que as partes podem usar, gozar e dispor, que podem transacionar livremente, de acordo com a vontade, pactuando entre si situações em conformidade com seus anseios" (TMA/RS).

Em outro sentido, porém, existem aqueles direitos interpretados como patrimoniais não disponíveis, como o:

> caso da pessoa titular de bens que, possuindo herdeiros necessários, não pode doar a totalidade deles. Também pode-se citar o bem que é recebido em doação com cláusula de impenhorabilidade, de inalienabilidade ou de incomunicabili-

---

tado da sentença arbitral não ter agradado à parte. O Termo de Compromisso Arbitral não é nulo quando firmado por partes capazes e atendidas as formalidades legais. Apelo desprovido. Unânime (TJRS, Ap. cível n. 70.067.519.058, 20ª Câm. Cível, rel. Dilso Domingos Pereira, j. 16.12.2015).

dade, pois tais situações não permitem que aquele que receba a doação possa dispor, transacionar o bem (TMA/RS).

Há, inclusive, aqueles que fazem defesa do enquadramento dos direitos patrimoniais indisponíveis, mas que geram efeitos disponíveis, que poderiam em tese ser objeto de arbitragem. O nobre escritor Carlos Alberto Carmona, em *Arbitragem e processo*, já defendeu que:

> Com efeito, imagine-se o exemplo sempre citado dos alimentos. É certo que o direito a alimentos é indisponível, no sentido de que se pode a ele renunciar. Porém, a quantificação do valor e a forma de prestá-los são aspectos perfeitamente disponíveis, sendo objeto frequente, como se sabe, de transação judicial. Ora, nada impediria que se sujeitassem esses efeitos disponíveis (ainda que dos direitos indisponíveis) à arbitragem, mesmo porque isso não implicaria qualquer restrição à existência ou à caracterização do direito indisponível em si (CARMONA, 2004, p. 56-7).

Outrossim, não é "autorizável" a utilização do instituto para as matérias que exijam a intervenção do Ministério Público como fiscal da lei. Ora, se se sujeitou algum tipo de temática ao olhar da Casa, não seria nada justo e legítimo usurpar a sua participação por intermédio de procedimento paralelo.

Questão que também gerava controvérsia dizia respeito à utilização do instituto quando a matéria controvertida tratava do direito público, quando presentes os interesses da administração pública. De pronto, não se discute quanto à indisponibilidade do interesse público, o que geraria da percepção reducionista a rápida ideia que dá conta da impossibilidade de se lançar mão do instituto para tais casos.

Entretanto, é de se notar que nem sempre esse interesse se confunde com o interesse da administração pública. Além disso, ainda que se o tenha como indisponível, não se nega que também alcança efeitos disponíveis. Assim, tratando-se de direitos disponíveis ou mesmo que de direitos indisponíveis, mas que gerem efeitos disponíveis, há muitos autores que já defendem a não vedação do uso da arbitragem para questões que toquem a administração pública.

De todo modo, a Lei de Arbitragem, recém-alterada, teve acrescido em seu art. 1º o § 1º, que determina: "A administração pública direta e indireta poderá utilizar-se da arbitragem para dirimir conflitos relativos a direitos patrimoniais disponíveis". O texto normativo, assim, colocou ponto-final e formalizou o uso da arbitragem em caráter público nos mesmos moldes daquele que se convencionou até então, com seu uso adstrito aos direitos patrimoniais disponíveis.

Modalidades de arbitragem

Arbitragem interna e internacional

Antes de se avançar na temática, é interessante fazer a distinção entre arbitragem interna e arbitragem internacional. A rigor, a própria nomenclatura em si faz supor a diferença entre elas. Ainda assim, vale a pena citar que a própria norma reguladora da arbitragem prescreve o critério territorial com a finalidade de classificar as decisões arbitrais em internas e internacionais.

Fazendo análise quanto a isso, Guido Soares comenta que: "A arbitragem interna ou nacional é aquela aplicável nas relações entre particulares sem qualquer conexão com sistemas jurídicos estrangeiros. Já a arbitragem internacional, impropriamente dita internacional, seria aquela a qual utilizaria a lei estrangeira" (SOARES, 2001, p. 122).

Para o autor, de forma resumida, ao explicar a semântica aplicada, a arbitragem propriamente dita é uma arbitragem que se realiza num foro não submetido a qualquer legislação estatal e de uma matéria não conexa a um Estado. Assim, para ele, as arbitragens internacionais são, em verdade, aquelas entre Estados reguladas pelo direito internacional público.

Nas palavras de Luiz Fernando do Vale de Almeida Guilherme:

> Deve-se notar que foram encontradas duas conceituações distintas para arbitragem interna e arbitragem internacional. O ramo que diz ser a arbitragem interna aquela que adota a legislação nacional, e a internacional, a que utiliza a legislação internacional, parece ser o mais aceito pelos internacionalistas; já a outra, a respeito do local onde é proferida a decisão arbitral, é a mais aceita pelos civilistas e processualistas (GUILHERME, 2012, p. 44).

Arbitragem *ad hoc* e arbitragem institucional

Arbitragem *ad hoc*

De antemão, cabe anunciar que a terminologia *ad hoc* provém do latim e quer significar "para isto", "para determinado ato". Assim, conforme assinala Carlos Alberto Carmona, será considerada *ad hoc* a "arbitragem sempre que o tribunal arbitral for constituído exclusivamente para resolver determinada controvérsia" (CARMONA, 2004, p. 52), sem o concurso de uma instituição administrativa.

78   MANUAL DOS MESCS

É de se avisar que a arbitragem na formatação *ad hoc* é administrada pelos próprios envolvidos, em seu estágio inicial, e pelas partes em conjunto com os árbitros após a sua instauração, o que se dá com a aceitação destes para o encargo proposto.

Adentrando em mais alguns detalhes, vale dizer que:

> as partes estabelecem as regras para a arbitragem, respeitadas as disposições da ordem imperativa contidas na lei. Portanto, as partes regem, via contrato, as regras que o árbitro utilizará para resolver os conflitos, nunca se esquecendo das ordens descritas na legislação em vigor (GUILHERME, 2012, p. 43).

Dando continuidade, nessa modalidade os litigantes definem a forma de nomeação dos árbitros e estabelecem as linhas do procedimento, além do fato de que tomam as providências necessárias à administração da arbitragem.

Tendo como pano de fundo a ideia da autora Flávia Bittar Novaes, em texto colaborativo para *Arbitragem institucional*, em linhas gerais a respeito de seu raciocínio, neste caso, é relevante que a definição pelos litigantes das citadas diretrizes do procedimento seja elaborada previamente ao surgimento do conflito – especialmente a forma de nomeação dos árbitros, pois esses aspectos deverão ser decididos em consenso, o que nem sempre é plausível em cenários em que o conflito já está efetivamente instaurado.

Conclui em seu raciocínio a colega, entendendo novamente, em linhas gerais, que na arbitragem *ad hoc* não há uma entidade especializada para tratar do andamento do procedimento e para oferecer também o apoio administrativo, técnico e logístico tanto às partes como aos árbitros.

Arbitragem institucional

Na segunda modalidade, as partes recorrem a uma entidade especializada em administrar procedimentos arbitrais, sempre assumindo as normas de seu regramento interno. Desta feita, o procedimento é guiado pela instituição selecionada pelos litigantes, devendo esta abastecê-los com o aparelhamento técnico, operacional e logístico. Fica bastante claro que a arbitragem será conduzida de maneira sempre transparente e organizada. Ressalva importante reside no fato de que as partes podem indicar os árbitros, mas a própria câmara que detém a condução do procedimento também se traveste no poder fazê-lo.

Quanto às regras, ficam estabelecidas pelo regimento da entidade. Mas também merece destaque o fato de que tais regramentos são rotineiramente revistos pela própria instituição condutora, na medida em que novas experiências são vivenciadas.

A entidade também promove as tarefas de âmbito burocrático que visem à preservação dos preceitos do instituto e a boa condução da atividade. Precisa, ademais, a entidade, garantir a boa comunicação entre árbitros e partes, evitando-se, porém, contatos diretos entre todos os protagonistas, a fim de que não se rompa com a imparcialidade e para que não se evidenciem vícios.

A arbitragem institucional é certamente mais bem vista, oferecendo segurança e tranquilidade tanto às partes como aos árbitros. A modalidade açambarca condutas mais retilíneas e facilita a ação de todos os envolvidos, haja vista a presença de maior *expertise* por parte das entidades na condução de todo o aparato do procedimental.

Como complemento, a ausência de certo respaldo institucional, em sede de arbitragem *ad hoc*, em algumas situações torna a modalidade um pouco menos recomendável ao se considerar, possivelmente, as menores experiência e bagagem do árbitro e das partes na condução da resolução do litígio.

Instituição da arbitragem pelas partes

Antes de tudo, é mister reiterar que ninguém será obrigado a submeter qualquer questão ao âmbito da arbitragem, isso depende somente da autonomia da vontade das partes, estruturada pelo princípio da liberdade contratual (art. 421, *caput*, do CC). Toda e qualquer utilização do instituto se dará meramente se a parte litigante assim o quiser, seja na hipótese de a parte, anteriormente ao próprio conflito e então prevendo que este possa vir a existir, determinar seu uso; seja na situação em que o conflito já foi de fato concebido e em meio a ele os litigantes selecionarem a arbitragem como modo de resolução. Seja como for, se qualquer das partes não quiser, não precisará assinar acordo que preveja ou institua a arbitragem.

Isso, porém, não significa, de nenhum modo, que se o contrato que determinar a arbitragem for assinado a parte poderá se escusar de cumpri-lo. De maneira alguma tal caminho poderá ser percorrido. Grife-se que a parte não se vê na obrigação de assinar compromisso que determine o uso da arbitragem, mas se a pessoa de fato o assinar, deverá submeter a matéria à arbitragem.

Inclusive, como arremate, se o indivíduo se dispuser formalmente ao uso da arbitragem e mais adiante desistir deste, levando a matéria ao Judiciário, o

80 MANUAL DOS MESCS

juiz imporá o contido no inciso VII do art. 267[8] do CPC/73 (inciso VII do art. 485 do CPC/2015[9]), que prevê a extinção do processo sem resolução de mérito pela convenção de arbitragem.

Seguindo esses termos, foi dessa maneira que definiu o Tribunal de Justiça do Estado de São Paulo, conforme acórdão:

> Ação de rescisão contratual c/c anulação de cláusula e indenização por perdas e danos. Decreto de extinção do processo, na origem, nos termos do disposto no art. 267, VII, do CPC [art. 485, VII, do CPC/2015], reconhecida a existência de cláusula compromissória de arbitragem. Honorários advocatícios arbitrados em patamar de 10% do valor da causa (R$ 1.500.000,00). Recurso de apelação da autora. Preliminares recursais. Fundamentação deficiente não verificada. Preliminar de não conhecimento suscitada em contrarrazões da corré A. rejeitada. Cerceamento de defesa. Matéria essencialmente de direito que dispensava maior dilação probatória na espécie. Cerceamento não caracterizado. Preliminar da autora igualmente rejeitada. Mérito recursal. Existência de cláusula compromissória válida e eficaz. Controvérsia que a esta altura, demais disso, já se encontra decidida por sentença arbitral parcial. Decreto de extinção da ação, sem resolução de mérito que se afigura tecnicamente acertado e merece prestígio. Honorários advocatícios que, entretanto, devem ser arbitrados de maneira equitativa (art. 20, § 4º, do CPC) [art. 85, § 8º, do CPC/2015] em caso de sentença meramente terminativa. Arbitramento em montante de R$ 30.000,00, mantida a deliberação de origem no sentido da repartição igualitária da aludida verba, considerando serem duas as corrés, representadas por patronos distintos. Recurso da autora parcialmente provido. (TJSP, Ap. n. 0137825-65.2009.8.26.0100, rel. Des. Alexandre Bucci, j. 25.11.2014)

Da mesma forma, novamente o Tribunal de Justiça do Estado de São Paulo entendeu, em outro caso:

> Ação. Prestação de contas. Extinção sem julgamento do mérito, nos termos do inciso VII do art. 267 do CPC. Razoabilidade. Contrato social da empresa que contém cláusula compromissória arbitral. Obrigatoriedade de sua observação. Inteligência da Lei n. 9.307/96. Constitucionalidade da referida cláusula reco-

---

8 "Art. 267. Extingue-se o processo, sem resolução de mérito: [...] VII – pela convenção de arbitragem; [...]."

9 "Art. 485. O juiz não resolverá o mérito quando: [...] VII – acolher a alegação de existência de convenção de arbitragem ou quando o juízo arbitral reconhecer sua competência; [...]."

nhecida pelo Col. Supremo Tribunal Federal. Cerceamento de defesa inocorrente. Sentença mantida. Recurso improvido. (TJSP, Ap. n. 0104069-94.2011.8.26.0100, rel. Des. Lígia Araújo Bisogni, j. 16.10.2012)

Repetindo as interpretações do Tribunal de Justiça de São Paulo, o Tribunal de Justiça do Rio Grande do Sul assim entendeu:

Apelação cível. Promessa de compra e venda. Ação de obrigação de fazer cumulada com pedido indenizatório. Juízo arbitral. Obrigatoriedade. Pré-contrato de compra e venda de ponto comercial celebrado pelas partes, com expressa estipulação de que eventuais litígios seriam dirimidos por arbitragem. Cogência da cláusula compromissória ajustada no contrato. Extinção do processo confirmada. Precedentes desta Corte. Negaram provimento ao recurso. Unânime. (TJRS, Ap. Cível n. 70.066.817.123, 18ª Câm. Cível, rel. Nelson José Gonzaga, j. 29.10.2015)

Apelação cível. Direito privado não especificado. Exceção de incompetência. Contrato de franquia empresarial. Cláusula arbitral. Observância cogente. Ausência de relação de consumo. Incompetência absoluta da justiça estadual comum para dirimir o conflito. A manifestação válida de vontade dos sujeitos da relação obrigacional, na eleição da arbitragem para dirimir conflitos advindos do contrato, há que obrigatoriamente ser respeitada. Hipótese de extinção do processo, sem julgamento do mérito, nos termos do art. 267, VII. Pactuação de cláusula compromissória. Negaram provimento. Unânime. (TJRS, Ap. Cível n. 70.065.584.138, 18ª Câm. Cível, rel. Pedro Celso Dal Prá, j. 17.09.2015)

Em resumo, as partes podem criar a obrigação de submeter seus conflitos à arbitragem e, se assim procederem, fica cristalina a vinculação que contrataram.

Convenção de arbitragem

A norma que regula a arbitragem no Brasil adotou a expressão "convenção de arbitragem" para tratar do acordo pelo qual as partes interessadas submetem a solução de seus litígios à arbitragem, seja por intermédio da cláusula compromissória, seja por meio do compromisso arbitral. Diga-se que ambas, cláusula compromissória ou compromisso arbitral, são espécies do gênero convenção arbitral. Tem-se, assim, que a convenção arbitral é o pacto que institui o uso da arbitragem, tenha o conflito já ganhado vida ou esteja apenas se prevendo eventual existência.

82 MANUAL DOS MESCS

Cláusula compromissória

A principal diferença entre a cláusula compromissória e o compromisso arbitral reside na lógica temporal. Isso porque a cláusula compromissória é o instrumento mediante o qual as partes determinam que, se porventura ocorrer um conflito na relação que elas estão instituindo, tal conflito será resolvido por intermédio da arbitragem. Inclusive, o texto legal que determina a definição carreada é aquele apresentado pelo art. 4º[10] da Lei de Arbitragem.

Fica evidente, assim, que a cláusula compromissória se refere sempre a uma circunstância futura.

Nas palavras de Maria Helena Diniz,

A cláusula compromissória transfere algo para o futuro se houver pendência. É o pacto adjeto em contratos internacionais, civis e mercantis, principalmente os de sociedade, ou em negócios unilaterais, em que se estabelece que, na eventualidade de uma possível e futura divergência entre os interessados na execução do negócio, estes deverão lançar mão do juízo arbitral (DINIZ, 1999, p. 600).

Nas palavras de José de Albuquerque Rocha, "pela cláusula compromissória, portanto, submetem-se ao julgamento do árbitro conflitos futuros, que podem nascer do cumprimento ou da interpretação das relações jurídicas estabelecidas por contrato" (ROCHA, 1998, p. 60).

A própria lei arbitral é muito clara ao estabelecer que a cláusula compromissória: "é a convenção através da qual as partes em um contrato comprometem-se a submeter à arbitragem os litígios que possam vir a surgir, relativamente a tal contrato" (*caput* do art. 4º da Lei n. 9.307/96).

Cláusula compromissória cheia

A cláusula compromissória cheia consiste no mesmo instrumento que prevê a arbitragem para situações futuras, apresentando todos os elementos

---

10 "Art. 4º A cláusula compromissória é a convenção através da qual as partes em um contrato comprometem-se a submeter à arbitragem os litígios que possam vir a surgir, relativamente a tal contrato. § 1º A cláusula compromissória deve ser estipulada por escrito, podendo estar inserta no próprio contrato ou em documento apartado que a ele se refira. § 2º Nos contratos de adesão, a cláusula compromissória só terá eficácia se o aderente tomar a iniciativa de instituir a arbitragem ou concordar, expressamente, com a sua instituição, desde que por escrito em documento anexo ou em negrito, com a assinatura ou visto especialmente para essa cláusula."

essenciais para a instituição de arbitragem, podendo ainda situar outros requisitos, facultativos para a instalação do juízo arbitral.

Como exemplo, é possível imaginar que em um contrato entre A e B, ambas as partes determinem que se porventura existir conflito, este será resolvido por meio da arbitragem, e todas as regras, bem como a forma de indicação dos árbitros já ficam previamente fixadas.

Cláusula compromissória vazia

Igualmente, a cláusula compromissória vazia também consiste na cláusula constante de um contrato, prevendo a instituição da arbitragem em caso de litígio futuro entre as partes, mas, com uma diferença substancial em relação à cláusula compromissória vazia.

Se na última as partes determinam desde logo as características da arbitragem e os elementos fundamentais do instituto (como a instituição ou árbitro que o guiará, bem como as regras da arbitragem), quando existe a cláusula compromissória vazia os elementos essenciais não estão descritos, ficando sua estipulação para o momento em que a arbitragem se fizer necessária.

Como ilustração, pode-se imaginar que o contrato preveja que na hipótese de conflito as partes determinem a resolução por meio da arbitragem, deixando em aberto, porém, a regra de indicação dos árbitros, quantos são estes.

Ou seja, tanto a cláusula compromissória cheia como a vazia são espécies do gênero convenção arbitral. Convenção – relembrando – é o acordo a partir do qual as partes submetem à arbitragem a resolução de seu litígio. Pela cláusula compromissória cheia, sinaliza-se que na hipótese do conflito já ficam determinados os elementos fundamentais para a realização da arbitragem, e pela cláusula compromissória vazia se tem que na hipótese de no futuro haver o conflito, este será definido pela arbitragem, mas em tal cláusula não constam os elementos fundamentais para a arbitragem ganhar vida, gerando a necessidade de se promover um compromisso arbitral.

Cláusula arbitral patológica

As cláusulas arbitrais que são omissas ou imperfeitas trarão trabalho às partes, já que serão solucionadas pelo Poder Judiciário como as cláusulas vazias. O preparo da cláusula é de suma importância para viabilizar futuro conflito de forma clara e segura.

Compromisso arbitral

O compromisso arbitral implica a mudança de figura até o então apresentado. Não se refere mais ao futuro, mas sim aos episódios vivenciados no presente. O expediente legal que regula o compromisso é o art. 9º do mesmo diploma legal.

O compromisso arbitral é a convenção bilateral pela qual as partes renunciam à jurisdição estatal e se obrigam a se submeter à decisão de árbitros por elas indicados, ou ainda instrumento de que se valem os interessados para, de comum acordo, atribuírem a terceiro (denominado árbitro) a solução de pendência entre elas existentes (MARCATO, 1995, p. 219).

Isso significa, na prática, que se as partes já estiverem vivenciando uma relação jurídica e no meio do enlace ocorrer o litígio, podem elas determinar que tal conflito seja dirimido por intermédio da arbitragem.

O compromisso arbitral é muito mais antigo do que a cláusula arbitral, haja vista que os romanos utilizavam o compromisso por ser uma forma mais justa. No Direito Romano, o compromisso era utilizado na justiça privada, em que a execução do direito era feita sem a intervenção da autoridade pública, pois confiava-se a simples indivíduos a missão de solucionar controvérsias surgidas em torno de uma obrigação, caráter que se mantém em todas as legislações contemporâneas (DINIZ, 2008, p. 537).

Esse compromisso, assim como bem observa o art. 9º da Lei n. 9.307/96, pode ser judicial, com celebração por termo nos autos ou extrajudicial, realizado por instrumento particular, desde que assinado por duas testemunhas, ou mesmo por instrumento público.

O compromisso precisará conter obrigatoriamente, sob pena de nulidade, os requisitos do art. 10[11] e poderá conter os elementos do art. 11[12] da Lei n. 9.307/96.

---

11   "Art. 10. Constará, obrigatoriamente, do compromisso arbitral: I – o nome, profissão, estado civil e domicílio das partes; II – o nome, profissão e domicílio do árbitro, ou dos árbitros, ou, se for o caso, a identificação da entidade à qual as partes delegaram a indicação de árbitros; III – a matéria que será objeto da arbitragem; e IV – o lugar em que será proferida a sentença arbitral".

12   "Art. 11. Poderá, ainda, o compromisso arbitral conter: I – local, ou locais, onde se desenvolverá a arbitragem; II – a autorização para que o árbitro ou os árbitros julguem por equidade, se assim for

CAPÍTULO 7 – ARBITRAGEM   85

Importante notar, portanto, que o compromisso arbitral sempre será necessário para a instituição da arbitragem, exceto no cenário que contemplar a cláusula compromissória cheia, na medida em que esta, além de determinar a arbitragem para a resolução de um possível conflito futuro entre as partes, ainda indicará com maior precisão todos os aspectos que nortearão o instituto. Se, porém, a cláusula compromissória for vazia, a arbitragem estará instituída, mas sem os seus elementos fundamentais, de modo que será necessário o compromisso arbitral que apresente as intenções das partes em relação à arbitragem, assim como as regras para o instituto naquele caso específico.

Características relevantes do compromisso arbitral

- Como função principal, no compromisso as partes devem delimitar e também definir a matéria posta à consideração dos árbitros.
- No compromisso é dispensável a expressa opção pela arbitragem, na medida em que ele próprio já a revela.
- No compromisso deve ficar desde logo explicitada a definição da matéria, sob pena de nulidade, devendo assim serem fixados os exatos limites de atuação dos árbitros.

Obrigatoriedade do cumprimento da cláusula compromissória

Retornando ao tema da cláusula compromissória, isto é, tratando-se, portanto, da situação em que as partes determinam que na ocorrência do conflito no futuro este será submetido à arbitragem, qualquer dos interessados poderá convocar o outro a se sujeitar à arbitragem,[13] por via escrita ou por qualquer outra forma de comunicação, com prova de recebimento, devendo indicar o dia,

---

convencionado pelas partes; III – o prazo para apresentação da sentença arbitral; IV – a indicação da lei nacional ou das regras corporativas aplicáveis à arbitragem, quando assim convencionarem as partes; V – a declaração da responsabilidade pelo pagamento dos honorários e das despesas com a arbitragem; e VI – a fixação dos honorários do árbitro, ou dos árbitros. Parágrafo único. Fixando as partes os honorários do árbitro, ou dos árbitros, no compromisso arbitral, este constituirá título executivo extrajudicial; não havendo tal estipulação, o árbitro requererá ao órgão do Poder Judiciário que seria competente para julgar, originariamente, a causa que os fixe por sentença."

13 "Extinção do processo. Possessória. Acordo. Termo nos autos. Compromisso arbitral celebrado entre as partes. Arrependimento. Nulidade. Inocorrência. Inexistência de violação ao disposto no art. 10, da Lei n. 9.307/96. Sentença mantida. Recurso improvido" (TJSP, Ap. n. 0036454-38.2007.8.26.0000, 23ª Câm. de Dir. Priv., rel. Paulo Roberto de Santana, j. 10.09.2008, publ. 01.10.2008).

86 MANUAL DOS MESCS

a hora e o local para ser firmado o compromisso arbitral. Diga-se que tal formalidade é dispensada em caso de cláusula compromissória, pois que o sentido desta é exatamente o de já oferecer esses indicativos.

O cerne da discussão está no quadro em que o convocado não comparecer para firmar efetivamente o compromisso, ou ainda quando se negar ao juízo arbitral. Assim, poderá ser ele compelido a se sujeitar à arbitragem, por meio de demanda judicial (Lei n. 9.307/96, art. 6º).[14] Então, no início desse processo, em audiência, o juiz tentará promover a conciliação das partes acerca da lide ou então buscará fazer com que as partes se sujeitem à arbitragem de forma voluntária (Lei n. 9.307/96, art. 7º).[15] Se vir frustradas as medidas, recairá ao juiz o papel de, na própria audiência ou no prazo de dez dias, decidir a questão, estabelecendo os termos do compromisso, podendo inclusive nomear o árbitro (se as partes não concordarem quanto a isso), valendo a sentença judicial como compromisso arbitral.

Ainda, não comparecendo o autor à audiência designada, sem justificativa, o juiz extinguirá o processo sem exame de mérito. Se, por outro lado, quem não comparecer for o réu, deverá o juiz de pronto decidir a respeito do conteúdo do compromisso, ouvindo o autor.[16]

Em resumo, a convenção de arbitragem é o instrumento que institui a arbitragem como método de solução de conflitos entre litigantes.

A cláusula compromissória se refere a um evento futuro, de modo que as partes estipulam que, se existir um litígio entre elas, este será submetido à arbitragem.

A cláusula arbitral cheia trata da resolução de conflitos futuros pela arbitragem, já apresentando as características essenciais da arbitragem, o que a

---

14 "Art. 6º Não havendo acordo prévio sobre a forma de instituir a arbitragem, a parte interessada manifestará à outra parte sua intenção de dar início à arbitragem, por via postal ou por outro meio qualquer de comunicação, mediante comprovação de recebimento, convocando-a para, em dia, hora e local certos, firmar o compromisso arbitral. Parágrafo único. Não comparecendo a parte convocada ou, comparecendo, recusar-se a firmar o compromisso arbitral, poderá a outra parte propor a demanda de que trata o art. 7º desta Lei, perante o órgão do Poder Judiciário a que, originariamente, tocaria o julgamento da causa."

15 "Art. 7º Existindo cláusula compromissória e havendo resistência quanto à instituição da arbitragem, poderá a parte interessada requerer a citação da outra parte para comparecer em juízo a fim de lavrar-se o compromisso, designando o juiz audiência especial para tal fim. [...] § 2º Comparecendo as partes à audiência, o juiz tentará, previamente, a conciliação acerca do litígio. Não obtendo sucesso, tentará o juiz conduzir as partes à celebração, de comum acordo, do compromisso arbitral. [...]."

16 "Art. 7º [...] § 5º A ausência do autor, sem justo motivo, à audiência designada para a lavratura do compromisso arbitral, importará a extinção do processo sem julgamento de mérito. § 6º Não comparecendo o réu à audiência, caberá ao juiz, ouvido o autor, estatuir a respeito do conteúdo do compromisso, nomeando árbitro único."

diferencia da cláusula compromissória vazia, em que se determina a arbitragem para a resolução do entrave futuro, mas sem se explicitar os elementos fundamentais usados.

O compromisso arbitral é o instrumento mediante o qual as partes formalizam a utilização da arbitragem para resolver um conflito já existente.

> Finalizando, parece-nos que a principal diferença está, também, na esfera contratual, haja vista que a cláusula compromissória não é contrato perfeito e acabado, e sim preliminar, futuro e incerto ou, ainda, uma medida preventiva, em que as partes simplesmente prometem efetuar um contrato de compromisso se surgir desentendimento a ser resolvido. Já o compromisso tem força vinculativa e faz com que as partes se comprometam a submeter certa pendência à decisão de árbitros regularmente louvados (GUILHERME, 2012, p. 82).

Adendo ao instrumento que institui a arbitragem

Acerca do expediente da possibilidade de consecução de adendo ao instrumento que dá o início ao procedimento arbitral, fizemos apresentação da ideia nesse sentido, que acaba por comentar o conteúdo oferecido no art. 19, e em seu parágrafo único, da Lei de Arbitragem.

> Aceita a nomeação por um árbitro, se for único, ou por todos, se forem mais de três, considerar-se-á estabelecida a arbitragem, ou seja, instituída.
> Depois de instituída a arbitragem, o árbitro ou o tribunal arbitral, sentindo a necessidade de esclarecer alguns pontos dúbios da convenção de arbitragem, requisitará que seja elaborado um aditivo contratual firmado por todos, que passará a fazer parte da convenção de arbitragem.
> Os pontos dúbios da convenção arbitral podem ser acerca da língua empregada, ou da sede da arbitragem, por exemplo (GUILHERME, 2012, p. 131).

O árbitro

Nas linhas anteriores, este Manual cuidou de apontar algumas das vantagens da arbitragem em relação ao Judiciário tradicional, e uma das assertivas indicadas foi o fato de o árbitro ser uma pessoa que por vezes é dotada de maior conhecimento específico sobre a matéria que tenderá a decidir. Isso, portanto,

88   MANUAL DOS MESCS

se comparado à Justiça ordinária, significaria vantagem substancial da arbitragem, considerando que muitas vezes o magistrado que tem a função de julgar a matéria no âmbito comum não tem o conhecimento técnico tão aprofundado para fazê-lo, se posto ao lado do árbitro.

Essa de fato é uma verdade. Porém, há outra razão para se depositar grande responsabilidade na figura do árbitro, o que não altera o aspecto positivo da arbitragem em relação ao Judiciário.

A importância da confiança no árbitro

A Lei de Arbitragem disciplina que qualquer pessoa capaz poderá ser árbitro. Além disso, estabelece que o árbitro deve gozar da confiança[17] das partes para então ser eleito, sem exigir formação específica dele para tanto. Mas é evidente que o fato de a norma não exigir determinada formação do árbitro não significa que este não seja pessoa normalmente mais detida ao tema que analisa. Pelo contrário.

Tão importante quanto isso é ponderar que uma das características fundamentais da arbitragem é o fato de não ter ela o emaranhado de possibilidades de revisão de decisões. Aliás, o duplo grau de jurisdição é afastado, de tal sor-

---

17   "Consumidor. Curso para formação de juiz mediador amparado na Lei n. 9.307/96. Propaganda abusiva e enganosa. Lei que diz respeito ao árbitro. Inexistência de juiz mediador. Devolução dos valores adimplidos pela autora. Possibilidade. Depreende-se nos autos que a autora inscreveu-se, em 01.11.2012, em curso ofertado pela parte ré com o objetivo de formação e atividade de 'Juiz Mediador' com respaldo na Lei n. 9.307/96. O curso é dividido em três etapas e a autora adimpliu o valor de R$ 890,00 (oitocentos e noventa reais), tendo, assim, participado de toda a primeira etapa de oito encontros, denominada estudos preparatórios para a atividade de juízes mediadores. Analisando a Lei n. 9.307/96, que dispõe sobre a *arbitragem* e na qual a ré agarra-se para legitimar seu curso, tem-se que ela não prevê a necessidade de curso para estar apto à função, não de juiz mediador, mas, sim, de árbitro, pois basta que seja capaz e tenha a confiança das partes (art. 13 da LA). Considerando que a matéria retratada é de consumo, e de serem aplicadas as normas do Código de Defesa do Consumidor, o que implica reconhecer no caso em julgamento a abusividade e a propaganda enganosa na atitude da ré. É assim porque a autora inscreveu-se em curso objetivando a formação de árbitro/mediador, que não necessita curso específico e, além disso, não se verificou, na primeira etapa, a qualificação na função pretendida. E, nas segunda e terceira etapas, verifica-se que os participantes do curso deveriam se associar para a constituição de uma empresa para exercerem a função de árbitro/mediador. Importa ressaltar que, para a constituição de uma empresa, é necessário aporte financeiro, o que foi omitido pela ré. Vê-se, então, que a autora visava obter qualificação e atividade rendosa como árbitro/mediador, porém, com a passagem da primeira etapa, verificou ser impossível a implementação em razão da necessidade de se associar aos colegas para constituir uma empresa, a qual não se sabe ao certo qual a formatação fática da entidade para fins de funcionalidade. Portanto, restando a autora frustrada e lesada pela propaganda enganosa e deficiente (prática abusiva), é imperiosa a devolução dos valores adimplidos pelo curso. Sentença mantida por seus próprios fundamentos. Recurso desprovido" (TJRS, Rec. Cível n. 71.004.741.849, 3ª T. Rec. Cível, rel. Lusmary Fátima Turelly da Silva, j. 27.11.2014).

te que, até por isso, a figura do árbitro é deveras essencial. Depositar a responsabilidade de uma decisão que não admite revisão em uma pessoa ou em um conjunto de pessoas muito bem demonstra a importância dela ou delas para o sistema. Por isso se torna fundamental a confiança dos envolvidos no ou nos árbitros selecionados.

Não obstante, confiar no árbitro ou no conjunto deles significa maior crédito na decisão que vem à tona, fazendo com que seja ainda mais rara a iniciativa da parte infeliz com a decisão de buscar o Judiciário com o interesse de desmantelar a sentença arbitral.

Aliás, nesse particular, também é importante oferecer parêntese para situar nova vantagem da arbitragem. Basta para tanto imaginar, por exemplo, que recorram a um tribunal arbitral pessoas jurídicas de renome, motivadas por um litígio que, as alcança em um determinado contrato. Pois bem, agora é relevante ter em mente que, em que pese o fato de uma das características da arbitragem ser a confidencialidade dos fatos, é de se posicionar que as decisões do tribunal, embora adstritas às partes e não públicas, portanto, têm representatividade e chegam ao conhecimento – ainda que sem as minúcias e os pormenores – do mercado.

Se o mercado passa a ter ciência de que determinada decisão ofertada pelo tribunal arbitral não é seguida pela parte A, por exemplo, não é preciso que a parte B necessariamente recorra ao Judiciário para que se imponha a decisão do tribunal. É claro que tal via é admitida, mas a própria pressão do mercado já pode significar, moralmente, elemento fundamental para que A aceite o decidido. Não uma pressão formal, mas uma medida comercial que gere receio em A, entendendo ele que, se não seguir a decisão do tribunal, o próprio mercado terá receio de novamente contratar com A, já que este não seria uma organização confiável.

Ou seja, se utilizando-se de sua autonomia, de vontade própria, a parte se predispõe a ter um possível conflito definido pela via arbitral, que tem suas peculiaridades e características próprias, e mais adiante decide por não aceitá-la, isso pode implicar grande prejuízo perante o mercado, pois este poderá alijá-la de novas tratativas.

A escolha de um ou de mais árbitros

A lei também autoriza que as partes escolham não apenas um, mas mais de um árbitro, sendo certo apenas que, no último caso, o número de árbitros obviamente deverá ser ímpar, com o fim de se evitar empate na solução da arbitragem. Se as partes não optarem pela escolha, poderão estabelecer proce-

90   MANUAL DOS MESCS

dimento para a sua eleição ou se valer de critérios empregados por entidade ou instituição especializada em arbitragem. Mesmo assim, se as partes, como ilustração, limitarem-se à indicação de árbitros em número par, poderão os próprios árbitros ali nomeados indicarem outro a fim de compor o quórum suficiente para instituir a arbitragem. Como término, se por acaso os árbitros também não chegarem a acordo quanto ao último indicado, a questão deverá ser levada ao Judiciário para que o juiz assim determine, devendo, porém, ser lembrado que incumbe ao juiz meramente essa finalidade, no caso, conforme o art. 13, *caput* e § 2º, da Lei n. 9.307/96.[18]

Aquele que não poderá ser árbitro

Não poderão atuar como árbitros as pessoas que possuam vinculação com as partes ou com o litígio. Se o árbitro se vir nessa situação, deverá apontá-la desde logo, a fim de que a parte o substitua. Igualmente, deverá ele, árbitro, diante dessa causa, recusar a nomeação, sob pena de ser futuramente responsabilizado por isso.

Por seu turno, a parte também não poderá, depois de estar ciente da causa de impedimento ou de suspeição do árbitro, e tendo-o aceito apesar disso, recusá-lo mais adiante. A recusa só poderá ocorrer por fato anterior, quando a parte não tiver diretamente nomeado o árbitro ou quando o motivo da recusa vier a ser conhecido apenas posteriormente (Lei n. 9.307/96, art. 14, *caput* e § 2º, *a* e *b*).[19]

Acima de tudo, segundo Luiz Antonio Scavone Junior:

> o árbitro deve ser absolutamente capaz, ou seja, deve ter capacidade de exercício pessoal dos direitos, o que significa dizer que não pode estar incluído em nenhuma das causas de incapacidade relativa ou absoluta, determinadas, respectiva-

---

18   "Art. 13. Pode ser árbitro qualquer pessoa capaz e que tenha a confiança das partes. [...] § 2º Quando as partes nomearem árbitros em número par, estes estão autorizados, desde logo, a nomear mais um árbitro. Não havendo acordo, requererão as partes ao órgão do Poder Judiciário a que tocaria, originariamente, o julgamento da causa a nomeação do árbitro, aplicável, no que couber, o procedimento previsto no art. 7º desta Lei."

19   "Art. 14. Estão impedidos de funcionar como árbitros as pessoas que tenham, com as partes ou com o litígio que lhes for submetido, algumas das relações que caracterizam os casos de impedimento ou suspeição de juízes, aplicando-se-lhes, no que couber, os mesmos deveres e responsabilidades, conforme previsto no Código de Processo Civil. [...] § 2º O árbitro somente poderá ser recusado por motivo ocorrido após sua nomeação. Poderá, entretanto, ser recusado por motivo anterior à sua nomeação, quando: *a)* não for nomeado, diretamente, pela parte; ou *b)* o motivo para a recusa do árbitro for conhecido posteriormente à sua nomeação."

CAPÍTULO 7 – ARBITRAGEM **91**

mente, nos arts. 3º e 4º do Código Civil, sendo que a cessação das incapacidades se dá pela cessação das causas que a determinam e, para os menores, está disciplinada pelo art. 5º do CC (SCAVONE JUNIOR, 2008, p. 101).

Como se vê, portanto, conforme determina a Lei de Arbitragem, em seu art. 13, *caput*, o árbitro deverá ser pessoa capaz e gozar da confiança das partes.

A substituição do árbitro

Se o árbitro não puder desempenhar a sua atividade por qualquer razão – por exemplo, recusa ou falecimento –, a lei prevê a indicação de substituto. Se o compromisso celebrado não adiantou tal cenário, cumprirá às partes acordarem o modo de escolha. Se, mais uma vez, não houver consenso quanto à substituição, o Poder Judiciário deverá resolver a controvérsia da eleição do substituto (Lei n. 9.307/96, art. 16).[20]

O árbitro equiparado ao servidor público

Por último, para fins penais, a lei equipara o árbitro a um servidor público. Assim sendo, agindo de forma ilícita, o árbitro fica sujeito às punições ligadas aos crimes contra a administração pública praticados por servidores públicos.

Princípios da arbitragem

A seguir se verá, quando da discussão acerca do procedimento arbitral, que o rito a ser utilizado alcançará maior liberdade e autonomia tanto das partes como do árbitro, devendo apenas, para tanto, ser respeitados os princípios estabelecidos pela Lei de Arbitragem, em seu art. 20, *caput* e § 1º.[21]

---

20 "Art. 16. Se o árbitro escusar-se antes da aceitação da nomeação, ou, após a aceitação, vier a falecer, tornar-se impossibilitado para o exercício da função, ou for recusado, assumirá seu lugar o substituto indicado no compromisso, se houver. § 1º Não havendo substituto indicado para o árbitro, aplicar-se-ão as regras do órgão arbitral institucional ou entidade especializada, se as partes as tiverem invocado na convenção de arbitragem. § 2º Nada dispondo a convenção de arbitragem e não chegando as partes a um acordo sobre a nomeação do árbitro a ser substituído, procederá a parte interessada da forma prevista no art. 7º desta Lei, a menos que as partes tenham declarado, expressamente, na convenção de arbitragem, não aceitar substituto."

21 "Art. 20. A parte que pretender arguir questões relativas à competência, suspeição ou impedimento do árbitro ou dos árbitros, bem como nulidade, invalidade ou ineficácia da convenção de arbitragem, deverá fazê-lo na primeira oportunidade que tiver de se manifestar, após a instituição da arbitragem.

92   MANUAL DOS MESCS

De toda forma, até por já invadir tal área principiológica, momento dos mais oportunos é de se tratar de alguns dos mais elementares princípios que atingem a arbitragem: a autonomia das partes.

Autonomia das partes

Já fora exemplarmente tratado em muitas obras e anteriormente aqui descrito o princípio da autonomia das partes. Significa relembrar que as partes têm total autonomia no sentido de definirem se terão interesse de ver um litígio entre elas, sendo resolvido por intermédio da arbitragem ou não. Assim, diferentemente do que ocorre na via judicial tradicional, em que a parte, se convocada a se defender, não pode se furtar a fazê-lo, sob pena de revelia, no âmbito do encaminhamento privado, a parte decide se terá ou não o interesse de ver o possível conflito definido pela arbitragem.

Nesse diapasão, servindo de suporte, o Tribunal de Justiça do Distrito Federal auxilia na visualização do princípio, como se vê a seguir. Além disso, conforme se verá, o referido acórdão ainda é paradigmático no sentido de oferecer demais ilustrações que dão bem o tom acerca do instituto, em muito auxiliando o leitor estudante:

> Apelação cível. Constitucional. Lei de Arbitragem. Juízo arbitral. Extinção sem julgamento do mérito. Cláusula compromissória. Manifestação expressa da vontade. Sociedade anônima. Estatuto social. Proteção judicial efetiva. Art. 5º, XXXV, da Constituição Federal. Renúncia. Direito personalíssimo. 1 – A arbitragem é um mecanismo extrajudicial de solução de controvérsias, disciplinado pela Lei n. 9.307/96, segundo o qual as partes litigantes investem, por meio de uma convenção arbitral, uma ou mais pessoas de poderes decisórios para resolver seus conflitos relativos a direitos patrimoniais disponíveis. 2 – A autonomia da vontade das partes é princípio fundamental da arbitragem, sendo retratada na chamada convenção de arbitragem. Por constituir um negócio jurídico, devem ser observados os pressupostos gerais de validade do negócio jurídico, a saber: agente capaz; objeto lícito, possível e determinado ou determinável; forma prescrita ou não defesa em lei; e manifestação de vontade livre e de boa-fé. 3 – É admissível a utilização da arbitragem pelas sociedades anônimas, conforme previsto

---

§ 1º Acolhida a arguição de suspeição ou impedimento, será o árbitro substituído nos termos do art. 16 desta Lei, reconhecida a incompetência do árbitro ou do tribunal arbitral, bem como a nulidade, invalidade ou ineficácia da convenção de arbitragem, serão as partes remetidas ao órgão do Poder Judiciário competente para julgar a causa."

no art. 109, § 3º, da Lei n. 6.404/76, a qual, todavia, apenas pode ser aplicada aos associados que tomarem parte e concordarem expressamente com a sua instituição. 4 – A renúncia à jurisdição estatal é personalíssima e deflui do regular exercício da autonomia da vontade, não podendo, por isso, ser presumida pela simples inserção de cláusula compromissória em estatuto social, sob pena de ser esvaziado o núcleo essencial do direito fundamental à proteção judicial efetiva (art. 5º, XXXV, da Constituição Federal). 5 – Apelo conhecido e provido. Sentença cassada. (TJDFT, Ap. n. 20.110.111.045.065, rel. Des. Simone Lucindo, j. 14.08.2013)

É claro que, assim como também já exposto, se o interessado se mostrar favorável à arbitragem, emoldurando a sua vontade por meio da convenção arbitral, terá a obrigação de cumpri-la mais adiante, sob pena de ter de arcar com todos os prejuízos também explicitados em caso de recusa.

Já mais adiante, superada a necessária aceitação das partes para invocarem a arbitragem, é de se supor e referenciar a necessidade também de a arbitragem se valer de outros princípios que compõem, a rigor, a jurisdição em geral. Assim, devem ser respeitados os princípios do contraditório e da ampla defesa, assim como os da imparcialidade do árbitro e o de seu livre convencimento.

Esses constituem o núcleo da garantia do processo legal, amparado no inciso LIV do artigo da Constituição Federal que versa sobre as garantias fundamentais. Portanto, esses são os preceitos que orientam qualquer modalidade processual, judicial ou não. E aí, se ninguém pode ser privado de seus bens sem o devido processo legal, natural e justo, que a máxima se prolongue ao âmbito da justiça privada. Dessa maneira, ainda que houvesse previsão expressa das partes, abrindo mão do contraditório ou da ampla defesa no procedimento arbitral, o expediente não poderia ser agraciado.

Contraditório e ampla defesa

Em suma, significa a garantia de que ninguém sofrerá os efeitos de uma sentença sem que previamente tenha a possibilidade de ter sido parte em um processo e de igualmente ter tido a possibilidade de efetiva participação na formação da decisão.

Conforme preleciona Carlos Alberto Carmona:

Caberá, então, às partes ou ao árbitro estabelecer (ou adotar) o procedimento que possa garantir plenamente a recíproca manifestação dos contendentes a res-

MANUAL DOS MESCS

peito das provas e das razões do adversário, o que significa, também, esclarecer formas efetivas de comunicação dos atos procedimentais e concessão de tempo razoável para as respectivas manifestações (CARMONA, 1998, p. 63).

Adentrando o campo da arbitragem propriamente dito, isso quer dizer que não se admite nem o conhecido contraditório diferido, que consiste naquele realizado depois da prolação de decisão provisória pelo juízo arbitral. Assim é feito porque a arbitragem não tem o sentido de lidar com situações de urgência, tendo em vista que a própria lei cita que as medidas de urgência necessitadas ao longo do procedimento arbitral devem ser requeridas ao Judiciário, ainda que por iniciativa dos árbitros.

Igualdade das partes

Perquire-se, no âmbito arbitral, a igualdade das partes, tendo como consequência a medida que contrarie essa igualdade e a possibilidade maciça de nulidade da sentença arbitral. Isso porque a igualdade formal buscada é aquela que determina a ausência de condições díspares entre as partes. O árbitro ou o tribunal arbitral não podem oferecer tratamento distinto daquele ao longo do procedimento.

Imparcialidade do árbitro

Teceu-se comentários sobre o árbitro e propositalmente não se avançou ao princípio da imparcialidade dele. Mas por imparcialidade não se deve entender neutralidade. Ainda que o termo permita polêmica, a Academia Brasileira de Direito Processual Civil, em ensaio escrito por Sérgio Cruz Arenhart, intitulado "Breves observações sobre o procedimento arbitral", afirma que

> árbitro neutro é o árbitro passivo, que não se interessa nem se esforça por dar a solução mais adequada ao litígio posto à sua apreciação. Não é isso que se quer, evidentemente. Não se pretende que o árbitro seja sujeito passivo, que espera, contemplativo, pelas provas e elementos trazidos pelas partes, sem poderes para buscar a melhor solução à controvérsia. A lei, a propósito, dota claramente o árbitro de poderes instrutórios de ofício (art. 22), o qual pode, então, buscar, mesmo ausente requerimento específico das partes, as provas que entender necessárias ao desenvolvimento de sua função (ARENHART, 2001, p. 15).

CAPÍTULO 7 – ARBITRAGEM   **95**

Ao fim e ao cabo, quando a lei exige a imparcialidade do árbitro, impõe o dever de que este se coloque na posição equidistante das partes e de suas pretensões, não incitando, no entanto, o comportamento passivo por parte dele.

Garantia da imparcialidade do árbitro

A norma também garante que as partes indiquem qualquer causa de impedimento ou de suspeição do árbitro (Lei n. 9.307/96, art. 20),[22] por meio de exceção, a ser requerida na primeira oportunidade que a parte tiver para se expressar no procedimento, em seguida à instituição da arbitragem. É de se salientar, porém, que o prazo não é exatamente peremptório, de modo que o interessado poderá alegar a suspeição ou o impedimento, ainda que após a primeira oportunidade.

De todo modo, a arguição de exceção de suspeição ou de impedimento deve ser realizada em peça fundamentada, devidamente comprovada, encaminhada de forma direta ao árbitro ou ao presidente do tribunal arbitral. Mais adiante, se acolhida a exceção, o árbitro será substituído. De outra sorte, ou seja, se afastada a exceção, o procedimento seguirá seu curso natural, sendo possível à parte impugnar a imparcialidade do árbitro na instância judicial, a partir de ação de que trata o art. 33 da norma,[23] que sofreu alteração no § 3º pelo novo Código de Processo Civil.

---

22   "Art. 20. A parte que pretender arguir questões relativas à competência, suspeição ou impedimento do árbitro ou dos árbitros, bem como nulidade, invalidade ou ineficácia da convenção de arbitragem, deverá fazê-lo na primeira oportunidade que tiver de se manifestar, após a instituição da arbitragem. § 1º Acolhida a arguição de suspeição ou impedimento, será o árbitro substituído nos termos do art. 16 desta Lei, reconhecida a incompetência do árbitro ou do tribunal arbitral, bem como a nulidade, invalidade ou ineficácia da convenção de arbitragem, serão as partes remetidas ao órgão do Poder Judiciário competente para julgar a causa. § 2º Não sendo acolhida a arguição, terá normal prosseguimento a arbitragem, sem prejuízo de vir a ser examinada a decisão pelo órgão do Poder Judiciário competente, quando da eventual propositura da demanda de que trata o art. 33 desta Lei."

23   "Art. 33. A parte interessada poderá pleitear ao órgão do Poder Judiciário competente a declaração de nulidade da sentença arbitral, nos casos previstos nesta Lei. § 1º A demanda para a declaração de nulidade da sentença arbitral, parcial ou final, seguirá as regras do procedimento comum, previstas na Lei n. 5.869, de 11 de janeiro de 1973 (Código de Processo Civil), e deverá ser proposta no prazo de até 90 (noventa) dias após o recebimento da notificação da respectiva sentença, parcial ou final, ou da decisão do pedido de esclarecimentos. § 2º A sentença que julgar procedente o pedido declarará a nulidade da sentença arbitral, nos casos do art. 32, e determinará, se for o caso, que o árbitro ou o tribunal profira nova sentença arbitral. § 3º A decretação da nulidade da sentença arbitral também poderá ser requerida na impugnação ao cumprimento da sentença, nos termos dos arts. 525 e seguintes do Código de Processo Civil, se houver execução judicial. § 4º A parte interessada poderá ingressar em juízo para requerer a prolação de sentença arbitral complementar, se o árbitro não decidir todos os pedidos submetidos à arbitragem."

96   MANUAL DOS MESCS

Isso tudo porque é essencial que o árbitro seja imparcial, sob pena de nulidade da sentença arbitral.

Princípio do livre convencimento do árbitro

A rigor, o princípio que efetivamente serve de alicerce é o do convencimento motivado. Assim ocorre porque não pode o árbitro se ver sob liberdade plena para formar a sua convicção, independentemente de justificação. O que se espera na verdade é que o árbitro tenha o compromisso de alcançar convicções baseadas nos expedientes vistos nos autos e que, ademais, justifique as suas posições, valorizando mais certa prova em detrimento de outra, por exemplo. Trata-se da persuasão racional do árbitro.

Nesse diapasão, De Plácido e Silva sustenta que:

> o livre convencimento, assim bem exprime a liberdade atribuída ao juiz para a apreciação do valor ou da força da prova, para que, por sua inteligência, por sua ponderação, por seu bom-senso, pela sua acuidade, pela sua prudência, consultando mesmo sua própria consciência, diante das próprias circunstâncias trazidas ou anotadas no correr do procedimento, interprete as mesmas provas, para, sem ofensa ao direito expresso, prolatar seu decisório (DE PLÁCIDO E SILVA, 1969, p. 242).

É importante sustentar, inclusive, que a lógica não provém meramente como decorrência da garantia do devido processo legal, vista anteriormente e percebida como também se impondo à justiça privada. Não que estar esculpida na Constituição Federal como garantia fundamental seja elemento irrelevante, mas se trata também da motivação da decisão, de material contido expressamente no próprio texto legal da arbitragem (art. 26, *caput* e II).[24]

Princípio da conciliação

Independentemente de se tratar da fase do juízo arbitral, ou de um método autônomo de solução de conflitos, ou, ainda, de fase da via judicial, a conciliação é expediente sempre a ser buscado em qualquer que seja a circunstância, presente uma disputa entre partes. Lembrando que o árbitro tem de verificar se as partes estão maduras o suficiente para propor esse negócio jurídico.

---

24   "Art. 26. São requisitos obrigatórios da sentença arbitral: [...] II – os fundamentos da decisão, onde serão analisadas as questões de fato e de direito, mencionando-se, expressamente, se os árbitros julgaram por equidade; [...]."

O novo Código de Processo Civil traz esse princípio como estruturador de todo e qualquer conflito, a fim de trazer mais harmonia à sociedade.

Então, dentro da instância arbitral, é função do árbitro procurar conciliar os litigantes,[25] independentemente da existência ou não de previsão que verse sobre o compromisso arbitral.

Os deveres do árbitro

O árbitro tem para si, mediante a sua função, alguns deveres que lhe são atribuídos. Um pouco antes, nesta obra, tratando dos princípios inerentes ao instituto, foi adiantado o preceito da imparcialidade do árbitro. Sendo assim, tal princípio vem a ser, também, um dever do árbitro.

Avançando, ainda se cita a independência, a competência, a diligência e a discrição:

- Independência: o árbitro deve se manter distante das partes, ainda que elas gozem de sua confiança e por elas tenha sido selecionado.
- Competência: assim como assevera o colega Luiz Antonio Scavone Junior,

  os árbitros devem conhecer a matéria que lhe é submetida, além de ostentarem experiência, de acordo com os critérios estabelecidos pelas partes para a indicação do árbitro. Assim, por exemplo, devem dominar o idioma em que a arbitragem se desenvolverá nos termos da arbitragem. De outro lado, devem contar com as características exigidas pelas partes na convenção de arbitragem, como, por exemplo, ser engenheiro mecânico com dez anos de experiência (SCAVONE JUNIOR, 2008, p. 105).

- Diligência: faz significar que o árbitro deve atuar com cautela e zelo na busca da melhor solução arbitral do litígio.
- Discrição: tendo por base o dever atribuído ao árbitro pela própria lei, deve ele manter sigilo em relação ao que tem conhecimento em virtude da arbitragem. Podem, então, as partes determinar por intermédio da cláusula arbitral ou do compromisso arbitral uma regra que trate da obrigação de não fazer, isto é, de não divulgar aquilo que sabe sobre aquela arbitragem especificamente.

---

25 "Art. 21. A arbitragem obedecerá ao procedimento estabelecido pelas partes na convenção de arbitragem, que poderá reportar-se às regras de um órgão arbitral institucional ou entidade especializada, facultando-se, ainda, às partes delegar ao próprio árbitro, ou ao tribunal arbitral, regular o procedimento."

Procedimento

A formatação como se dá a arbitragem depende das partes envolvidas ou do árbitro selecionado. Essa é uma benesse concedida pela Lei n. 9.307/96 (art. 21, *caput* e § 1º).[26] Isso se dá desde que as partes respeitem os princípios estabelecidos pelo art. 21, em seu § 2º,[27] recém-comentados nas linhas anteriores. De toda forma, seguidos os princípios citados e com a aceitação do árbitro, pode ser dada como inicializada a arbitragem, que, inclusive, poderá receber adendo ao compromisso com as partes clarificando algum ponto específico (Lei n. 9.307/96, art. 19, *caput* e § 1º),[28] podendo ainda ser estabelecida regra procedimental antes não prevista.

Seguindo a cronologia procedimental, conforme já citado, as partes podem arguir qualquer questão processual como incompetência, suspeição e impedimento, assim como outras figuras que causem nulidade ou ineficácia da convenção.

Ademais, não se faz obrigatória a participação de advogados, embora seja aconselhável que estes colaborem com as partes.

No que concerne à prova, o árbitro pode se valer de todos os meios probatórios. A colheita será oral, feita por termo, em data e local previamente comunicados aos envolvidos. Se a parte não comparecer ao seu próprio depoimento, sua ausência será tida como elemento probatório por ocasião da sentença. Se quem faltar for a testemunha, o árbitro solicitará à autoridade judiciária sua condução coercitiva, bastando para tanto a prova da existência da arbitragem (Lei n. 9.307/96, art. 22, *caput* e § 2º).[29] Se houver a substituição do árbitro no curso do procedimento, seu substituto poderá repetir as provas já produzidas.

---

26 "Art. 21. [...] § 1º Não havendo estipulação acerca do procedimento, caberá ao árbitro ou ao tribunal arbitral discipliná-lo."

27 "§ 2º Serão, sempre, respeitados no procedimento arbitral os princípios do contraditório, da igualdade das partes, da imparcialidade do árbitro e de seu livre convencimento."

28 "Art. 19. Considera-se instituída a arbitragem quando aceita a nomeação pelo árbitro, se for único, ou por todos, se forem vários. § 1º Instituída a arbitragem e entendendo o árbitro ou o tribunal arbitral que há necessidade de explicitar questão disposta na convenção de arbitragem, será elaborado, juntamente com as partes, adendo firmado por todos, que passará a fazer parte integrante da convenção de arbitragem."

29 "Art. 22. Poderá o árbitro ou o tribunal arbitral tomar o depoimento das partes, ouvir testemunhas e determinar a realização de perícias ou outras provas que julgar necessárias, mediante requerimento das partes ou de ofício. [...] § 2º Em caso de desatendimento, sem justa causa, da convocação para prestar depoimento pessoal, o árbitro ou o tribunal arbitral levará em consideração o comportamento da parte faltosa, ao proferir sua sentença; se a ausência for de testemunha, nas mesmas circunstâncias, poderá o árbitro ou o presidente do tribunal arbitral requerer à autoridade judiciária que conduza a testemunha renitente, comprovando a existência da convenção de arbitragem."

CAPÍTULO 7 – ARBITRAGEM   **99**

A lei considera também a revelia, não lhe atribuindo, no entanto, os mesmos efeitos daqueles previstos no Código de Processo Civil. A norma se limita a dispor que a revelia da parte não impede a prolação da sentença arbitral. Assim, não há qualquer imposição de efeitos materiais ou processuais decorrentes da revelia, que deverão, para incidir, estar previstos na convenção arbitral.

Sentença arbitral

Intitula-se sentença arbitral o ato do árbitro ou do tribunal arbitral que põe fim à controvérsia. É um ato deveras similar à sentença judicial.

A sentença arbitral poderá ter natureza declaratória, constitutiva ou condenatória, apenas não se aceitando, porém, o caráter mandamental ou executivo. Essa classificação, naturalmente, tem em vista a eficácia preponderante da sentença, não impedindo que o ato contenha mais de uma dessas eficácias. Diga-se, ainda, que a sentença opera seus efeitos perante os sucessores das partes (Lei n. 9.307/96, art. 31).[30]

A sentença também poderá operar efeitos em fase de terceiros (naturais e reflexos), não podendo, no entanto, ser exigida pelo terceiro, tampouco não podendo esses efeitos ser indiscutíveis pelo terceiro. Como exemplo, se tomada uma sentença arbitral que anule determinado contrato de compra e venda, naturalmente os efeitos não irão operar apenas em relação às partes, alcançando também terceiros que tenham interesse indireto no cumprimento da avença. A sentença, assim, surte efeitos perante esses terceiros – o que não se admite apenas é que tais efeitos possam ser imutáveis, indiscutíveis, para os terceiros que revelarem ter legitimidade e interesse para então discuti-los no âmbito judicial.

Tratando-se de sentença arbitral de caráter condenatório, a decisão constituirá título executivo, fazendo com que, em caso de não cumprimento voluntário do preceito, fique subsidiado o uso do processo de execução na via judicial.

Também é admitido o caráter homologatório da sentença arbitral. Isso quer dizer que, se as partes chegarem a um acordo, ao longo da arbitragem, sobre a solução do conflito, poderão solicitar ao árbitro a homologação dessa transação por sentença, alcançando, inclusive, a eficácia de título executivo.

A sentença arbitral deverá ser prolatada no prazo anteriormente instituído pela convenção arbitral. Se nada dispuser a respeito do pacto, o prazo para a prolação da sentença será de seis meses, contados a partir da instituição da

---

30   "Art. 31. A sentença arbitral produz, entre as partes e seus sucessores, os mesmos efeitos da sentença proferida pelos órgãos do Poder Judiciário e, sendo condenatória, constitui título executivo."

100   MANUAL DOS MESCS

arbitragem ou da substituição do árbitro (Lei n. 9.307/96, art. 23).[31] Diga-se, nesse sentido, que o descumprimento do prazo gera a extinção do compromisso arbitral e, como consequência, a nulidade do julgamento (Lei n. 9.307/96, art. 32),[32] entretanto, o prazo poderá ser dilatado em virtude de acordo das partes com o próprio árbitro, tantas forem as vezes necessárias.

Continuando, deverá a sentença ser elaborada de modo escrito (Lei n. 9.307/96, art. 24, *caput*),[33] contendo os requisitos do art. 26 da norma. Portanto, é essencial que apresente também o relatório, a fundamentação e o dispositivo – assim como na sentença judicial –, além da indicação da data e do local em que foi assinada pelo(s) árbitro(s).

No relatório ficam expostos os nomes dos litigantes, com o árbitro ou o tribunal explicando, de forma sintetizada, o próprio conflito. Já na fundamentação, os árbitros avaliam as questões de fato e de direito do litígio, apontando as justificativas que os levaram a decidir por algum caminho. Nesse momento se estabelece o exame dos argumentos oferecidos pelos envolvidos, assim como o exame das provas produzidas e dos elementos relevantes para a formação do convencimento do tribunal ou do árbitro.

A seguir, os árbitros passam ao dispositivo da sentença, que consiste no espaço em que os árbitros tratam dos pedidos que a eles foram apresentados, oferecendo assim a solução do litígio. Caso seja necessário, é nesse período que se fixa o prazo para o cumprimento da sentença.

Ainda na sentença, os árbitros decidem a respeito das despesas e custas da arbitragem, imputando essa responsabilidade aos interessados segundo critérios de equidade ou segundo a previsão apresentada na convenção de arbitragem.

É de se lembrar que a arbitragem poderá ser realizada por um árbitro ou por um conjunto deles e, na segunda hipótese, em sentença proferida pelo tribunal, será tomada por maioria de votos, prevalecendo, no caso de dissidência invencível, o voto do presidente do tribunal (Lei n. 9.307/96, art. 24, § 1º).[34]

Concluída a sentença e estando as partes cientes por meio da via postal ou por intermédio de qualquer outra forma de comunicação, terá início o

---

31   "Art. 23. A sentença arbitral será proferida no prazo estipulado pelas partes. Nada tendo sido convencionado, o prazo para a apresentação da sentença é de seis meses, contado da instituição da arbitragem ou da substituição do árbitro. § 1º Os árbitros poderão proferir sentenças parciais. § 2º As partes e os árbitros, de comum acordo, poderão prorrogar o prazo para proferir a sentença final."

32   "Art. 32. É nula a sentença arbitral se: [...] VII – proferida fora do prazo, respeitado o disposto no art. 12, inciso III, desta Lei; e [...]."

33   "Art. 24. A decisão do árbitro ou dos árbitros será expressa em documento escrito."

34   "Art. 24. [...] § 1º Quando forem vários os árbitros, a decisão será tomada por maioria. Se não houver acordo majoritário, prevalecerá o voto do presidente do tribunal arbitral."

prazo para o cumprimento da sentença. Se descumprido, fica o infrator sujeito a demanda judicial executiva.

Conforme anteriormente explicitado, a sentença arbitral não se sujeita a qualquer tipo de recurso nem a homologação judicial (Lei n. 9.307/96, art. 18).[35] No entanto, faz-se relevante citar que o litigante pode requerer ao árbitro ou ao tribunal, dentro do prazo de cinco dias, contados da ciência da sentença, com comunicação ao outro litigante, que corrija eventual erro material situado naquela sentença ou até mesmo que esclareça alguma obscuridade, contradição, dúvida ou omissão. Uma vez apresentado o requerimento de retificação ou esclarecimento da decisão, o árbitro deverá se pronunciar em até dez dias, alterando a sentença, se for o caso. Em seguida, deverá comunicar as partes de maneira idêntica em relação à alteração.

Do prazo para a sentença

A sentença deve ser proferida "no prazo estipulado pelas partes na convenção de arbitragem, determinado no compromisso arbitral ou pela lei" (VERÇOSA, 2013, p. 88). Seja como for, normalmente, o prazo desde o início do procedimento arbitral, até a sua finalização e a revelação da sentença, varia de acordo com a questão e com a matéria, não se esquecendo do tribunal ou câmara que a profere. Mesmo assim, o mais comum é que o espaço temporal para a sentença seja de aproximadamente 6 meses a 1 ano.

Isso significa, portanto, que de fato o princípio da celeridade, vislumbrado dentro do instituto da arbitragem, é realmente obedecido, haja vista que, nos casos levados ao Poder Judiciário, por vezes se verifica prazo demasiadamente maior do que na arbitragem.

Nulidade da sentença arbitral

A sentença arbitral, como dito, é o instrumento que põe fim ao juízo arbitral, oferecendo aos litigantes a finalização do procedimento por eles eleito para tratar o entrave, e como as partes, a partir da mais lídima vontade, renunciaram à instância judicial, não poderão recorrer a ela em virtude de eventual insatisfação do que fora decidido em sede de arbitragem.

---

35   "Art. 18. O árbitro é juiz de fato e de direito, e a sentença que proferir não fica sujeita a recurso ou a homologação pelo Poder Judiciário."

102 MANUAL DOS MESCS

No entanto, a Lei de Arbitragem arrola as situações em que a sentença arbitral poderá ser revista e tornada nula pelo Poder Judiciário, para os casos em que se verificarem vícios em sua prolação ou procedimento. O dispositivo legal que regula tais hipóteses é o art. 32 da referida norma.[36]

Conforme se verá no artigo, haverá a nulidade da sentença arbitral se esta foi proferida por quem não poderia ser árbitro. Nesse sentido, vale olhar para o acórdão do Tribunal de Justiça do Rio Grande do Sul ao anular sentença arbitral sob essa alegação:

> Recurso inominado. Ação de execução de título extrajudicial. Exceção de pré-executividade. Impossibilidade de que mediadora de acordo torne-se credora. Exequente que, servindo-se de sua condição de mediadora, sub-roga-se no crédito objeto da mediação e cobra-o da recorrida. Embora se discuta se a atividade de arbitragem configura jurisdição, a Lei n. 9.307/97 disciplina que o árbitro, juiz de fato e de direito, deve ser imparcial e que é nula a sentença arbitral se proferida por quem não poderia ser árbitro. Pressuposto da imparcialidade malferido. Caso em que a árbitra atuou, isto sim, como mero balcão de cobranças. Sentença mantida. Recurso improvido. (TJRS, Ap. n. 71.003.643.467, 3ª T. Rec. Cível, rel. Fabio Vieira Heerdt, j. 28.06.2012)

No Judiciário, em demanda autônoma e que seguirá o rito ordinário, poderá ser pleiteada demanda que requeira a nulidade,[37] a ser proposta no prazo de noventa dias, contados da data da ciência da prolação da sentença arbitral. Então, se entender pela nulidade, o juiz determinará que nova sentença seja proferida. Ademais, poderá acontecer de o juiz anular o procedimento parcial ou totalmente, determinando a recondução do processo a partir do vício encontrado.

Por último, além da demanda autônoma, a declaração de nulidade poderá ainda ser requerida por meio de embargos à execução, devendo-se lembrar,

---

36 "Art. 32. É nula a sentença arbitral se: I – for nula a convenção de arbitragem; II – emanou de quem não podia ser árbitro; III – não contiver os requisitos do art. 26 desta Lei; IV – for proferida fora dos limites da convenção de arbitragem; VI – comprovado que foi proferida por prevaricação, concussão ou corrupção passiva; VII – proferida fora do prazo, respeitado o disposto no art. 12, inciso III, desta Lei; e VIII – forem desrespeitados os princípios de que trata o art. 21, § 2º, desta Lei."

37 "Ação declaratória de falsidade cumulada com exibição de documentos. Caso concreto. Matéria de fato. Cláusula de arbitragem. Falsidade dos contratos em que estão presentes as cláusulas arbitrais. Possibilidade de o Poder Judiciário declarar a nulidade da convenção de arbitragem. Sentença desconstituída. Apelo provido (TJRS, Ap. Cível n. 70.053.386.595, 15ª Câm. Cível, rel. Vicente Barrôco de Vasconcellos, j. 12.06.2013).

CAPÍTULO 7 – ARBITRAGEM 103

porém, que nesse caso não se aplica o prazo de noventa dias, até porque não terá o executado como controlar a oportunidade em que, na execução, será a ele facultado opor os embargos.

Efetivação da sentença arbitral

A sentença arbitral é interpretada, para todos os efeitos, como título executivo para eventual execução judicial que se fizer necessária. Há posições, entretanto, que a entendem como pertencente a categoria exclusiva, denominando-a título semijudicial. Na prática, há importância da diferenciação entre títulos executivos judiciais e extrajudiciais, mormente no âmbito da cognição dos embargos à execução oponíveis. Na situação em que a execução se basear em título executivo judicial, os embargos poderão versar sobre a matéria contida no art. 741 do CPC/73, atual art. 910 do CPC/2015. De outra sorte, referindo-se à execução fundada em título extrajudicial, nos embargos serão alegáveis quaisquer matérias imagináveis pelo embargante.

Já na situação da sentença arbitral, o que se tem é um cenário intermediário, na medida em que a alegação da matéria enumerada no art. 74 do CPC/73, atual art. 910 do CPC/2015,[38] sequer admite os embargos de cognição irrestrita. É de se afirmar que nos embargos à execução que são opostos contra decisão arbitral, poderá se aduzir não apenas a matéria contida no art. 741 do CPC/73 e atual art. 910 do CPC/2015, como também todas as demais causas de nulidade dessa sentença contempladas pelo art. 32 da Lei de Arbitragem.[39] Assim, tal expediente dá bem o tom que denota o aspecto intermediário do título executivo em questão, não se configurando, de maneira cristalina, nem como título executivo judicial nem como título extrajudicial.

Seja como for, constituindo título executivo, a sentença arbitral aceita execução no modo quantia certa, execução de obrigação de fazer, de não fazer e de entregar coisa.

---

38 "Art. 910. Na execução fundada em título extrajudicial, a Fazenda Pública será citada para opor embargos em 30 (trinta) dias. § 1º Não opostos embargos ou transitada em julgado a decisão que os rejeitar, expedir-se-á precatório ou requisição de pequeno valor em favor do exequente, observando-se o disposto no art. 100 da Constituição Federal. § 2º Nos embargos, a Fazenda Pública poderá alegar qualquer matéria que lhe seria lícito deduzir como defesa no processo de conhecimento. § 3º Aplica-se a este Capítulo, no que couber, o disposto nos arts. 534 e 535."

39 Ver nota 36.

Reforma da Lei de Arbitragem

Tutelas cautelares e de urgência – arbitragem antes da promulgação da Lei n. 13.129/2015

Um componente que oferecia larga discussão em sede de legislação que regula o instituto da arbitragem sempre foi o debate a respeito das tutelas cautelares e de urgência.

Isso porque, quanto ao procedimento arbitral, o art. 22 da Lei, em seu § 4º, afirmava que "os árbitros poderão solicitá-las ao órgão do Poder Judiciário, que seria, originalmente, competente para julgar a causa".

Dito isso, parecia claro que o árbitro se incumbiria de, apenas e tão somente, solicitar a tutela ao Judiciário, que a avaliaria e a concederia ou não. Porém, havia aqueles que extrapolavam essas considerações, entendendo que poderiam os árbitros efetivamente conceder a tutela, recorrendo ao Judiciário somente com o intuito de obter a efetivação da medida.

E aí, para embasar a lógica, normalmente os teóricos se valiam da natureza jurisdicional que se pretende dar à arbitragem. Isso, porém, de pronto já feria a definição que a ciência processual emprega para *jurisdição*.

Nesse particular, um dos fatores relevantes para a discussão é o fato de se costumar dizer que a arbitragem deve ser considerada jurisdição na medida em que, não sendo assim interpretada, o que se teria seria a inconstitucionalidade da escolha pela arbitragem sobre o Poder Judiciário. A interpretação é levada à frente porque, como bem se sabe, não se pode excluir da apreciação do Judiciário qualquer lesão ou ameaça de lesão a direito. Logo, se a opção pela arbitragem de saída impede nova apreciação pelo Judiciário, a única maneira de se garantir a constitucionalidade do instituto seria pela aceitação deste como *jurisdição*.

Ora, o árbitro, dentro dos limites a ele aplicados, exerce atividade similar à do juiz. Isso não quer dizer que a função do árbitro seja tecnicamente equiparada à de um juiz. Ressalte-se, como início de discussão, que só o magistrado pode estar investido no exercício do poder do estado. No Estado de Direito, o poder jurisdicional é essencial e realizado pelos juízes e demais agentes que reúnem condições para tanto.

Por outro lado, quando alguém escolhe a via da arbitragem para dirimir um entrave, não existe delegação de algo que não poderia ser delegado, mas,

CAPÍTULO 7 – ARBITRAGEM   105

na verdade, o exercício de uma faculdade que os conflitantes têm em seu poder como corolário do princípio da autonomia da vontade.

Como bem expõe Luiz Antonio Scavone Junior, "Se assim o é, as partes podem ingressar no Judiciário e, se não quiserem, em razão do princípio da autonomia da vontade, podem optar pela via arbitral para dirimir os litígios decorrentes de direito passíveis de transação (patrimoniais disponíveis)" (SCAVONE JUNIOR, 2008, p. 71).

Na arbitragem existe uma tarefa que se assemelha àquela atribuída ao juiz, mas, embora sejam similares, os poderes emprestados à figura do juiz são completamente distintos. Poder-se-ia também alegar a existência de uma jurisdição estatal e outra de âmbito privado, o que na verdade não parece correto também. Na prática, o fato é que o poder jurisdicional tem a ver com o conceito de Estado e suas repercussões, enquanto a arbitragem está conectada intimamente à autonomia da vontade.

Em suma, discutir sobre a inconstitucionalidade da arbitragem é desviar o foco da questão, porquanto não se pretende com a arbitragem retirar o direito da pessoa de se socorrer ao Judiciário. Pelo contrário. O que se quer, sim, é a regulação de uma expressão da vontade. Não se está buscando sequestrar do juiz uma tarefa que a ele recairia, mas apenas, em última análise, a pacificação social, interesse este fim do Judiciário também. Ou seja, o que se pretende é entregar à sociedade um dos anseios pelos quais clama a pessoa de bem.

Por isso não poderia o árbitro exercer o Poder de Estado. A interpretação era no sentido de que o árbitro não concederia medidas de urgência. O árbitro só poderia caminhar sobre a via previamente tracejada pelas partes.

Piero Calamandrei, em seu *Introducción al estúdio sistemático de las providencias cautelares*, já afirmava que

> as medidas de urgência não constituem elemento contido no poder de disposição das partes, revelando-se antes como expressão do poder estatal – que, para decidir as controvérsias, precisa do processo, o qual demanda tempo, impondo a necessidade de soluções provisórias às questões – indispensável ao desenvolvimento de sua função jurisdicional (CALAMANDREI, 1996, p. 41).

Entendia-se, portanto, que já que as medidas de urgência não estariam disponíveis ao direito da parte, não seria plausível ponderar que o árbitro pudesse deliberar sobre. Assim, trazia a Lei de Arbitragem que essa providência era de competência do Judiciário.

106 MANUAL DOS MESCS

Tutelas cautelares e de urgência – arbitragem após a promulgação da Lei n. 13.129/2015

Após tudo o que foi relatado, é de suma importância dizer e – contrariar – aquilo que foi recém-exposto. Isso acontece porque a Lei n. 13.129/2015 incluiu os arts. 22-A e 22-B na Lei de Arbitragem.[40]

De acordo com o novo conteúdo, apenas antes de instituída a arbitragem poderão as partes se socorrer do Poder Judiciário para a concessão de medidas cautelares e tutelas de urgência. Foi assim, inclusive antecedendo à alteração na Lei, que o Tribunal de Justiça de São Paulo decidiu em sede de cautelar preparatória, ainda no ano de 2013.[41]

Outrossim, estando a arbitragem já instituída, os árbitros deverão apenas manter, modificar ou revogar a medida cautelar ou a tutela de urgência. Ademais, com a nova redação, se a arbitragem já estiver instituída, a segurança deverá ser requerida diretamente aos árbitros.

Na visão do autor da presente obra, cabe reflexão em relação ao tema.

Com efeito, antes da alteração da norma, poderia-se ter o quadro em que, ainda que houvesse a cláusula arbitral cheia que previsse o uso do instituto em caso de conflito, ocorresse uma problemática que necessitasse de resolução rápida – mesmo que os elementos essenciais para instauração do procedimento já estivessem dispostos – até a efetiva instauração da arbitragem, sendo o objeto da controvérsia, por exemplo, um produto perecível. Assim, até que se vivenciasse de fato a arbitragem, tal produto poderia perecer.

Logo, para evitar que tal realidade ocorresse, o legislador entendeu que a parte não deveria ficar sem algum tipo de amparo. Instituiu-se, então, a mu-

---

40 "Art. 22-A. Antes de instituída a arbitragem, as partes poderão recorrer ao Poder Judiciário para a concessão de medida cautelar ou de urgência. Parágrafo único. Cessa a eficácia da medida cautelar ou de urgência se a parte interessada não requerer a instituição da arbitragem no prazo de 30 (trinta) dias, contado da data de efetivação da respectiva decisão. Art. 22-B. Instituída a arbitragem, caberá aos árbitros manter, modificar ou revogar a medida cautelar ou de urgência concedida pelo Poder Judiciário. Parágrafo único. Estando já instituída a arbitragem, a medida cautelar ou de urgência será requerida diretamente aos árbitros."

41 "Cautelar preparatória a procedimento arbitral. Venda e compra de energia elétrica. Debate envolvendo efetiva concretização do negócio. Cabimento da medida de urgência, enquanto não instituído o juízo arbitral precedente doutrinário e jurisprudencial. Análise do pleito liminar à luz do *fumus boni iuris* e do *periculum in mora*, reservado o mérito da controvérsia para a demanda principal. Requisitos presentes na hipótese vendedora que, a despeito da não entrega da via contratual assinada ou mesmo apresentação de garantia pela compradora, forneceu energia no primeiro mês de previsão de vigência do ajuste. Liminar corretamente deferida na origem, a prevalecer até instauração do juízo arbitral, quando o tema poderá ser reexaminado. Recurso improvido" (TJSP, Cautelar Preparatória n. 0069785-98.2013.8.26.0000-AI, rel. Des. Francisco Casconi, j. 19.06.2013).

CAPÍTULO 7 – ARBITRAGEM   107

dança na norma, que passou a possibilitar que o envolvido recorresse à via judicial para ter uma resposta nesse vácuo temporal até a instauração do procedimento arbitral.

Entra também na discussão o debate sobre o poder conferido aos árbitros no sentido não só de manter, como também de modificar ou revogar a medida cautelar ou a tutela de urgência.

A justificativa para a possibilidade de modificação ou revogação da decisão proferida no Judiciário residiria no fato de o árbitro, mais à frente, poder analisar a discussão munido de todos os fatos e de forma mais plena.

Interrupção da prescrição

O art. 19 da Lei de Arbitragem foi alterado em virtude da inserção do § 2º.[42] A inclusão faz significar que a instituição da arbitragem interrompe a prescrição, retroagindo-se à data do requerimento de instauração da arbitragem, mesmo que esteja extinta a arbitragem, por ausência de jurisdição dos árbitros, legitimando-se a segurança jurídica do procedimento.

Seguindo a normatização, vide decisão do Tribunal de Justiça do Estado de Minas Gerais:

Ação de indenização por danos morais. Prescrição. Prazo trienal. Art. 206, V, do Código Civil. Prévia tentativa de conciliação perante órgão extrajudicial de conciliação. Hipótese de interrupção. Prescrição afastada. Recurso provido. Sentença cassada. A tentativa de conciliação por meio de instauração de procedimento perante Câmara de Conciliação e arbitragem constitui medida de proteção ao direito e deve ser tida como meio hábil para a interrupção da prescrição. (TJMG, Ap. n. 1.0027.13.034992-4/001, rel. Des. José Marcos Rodrigues Vieira, j. 25.11.2015)

Lista de árbitros

Também foi incluído o § 4º ao art. 13[43] da norma reguladora da arbitragem, consolidando o já tão aclamado princípio da autonomia da vontade das partes

---

42   "Art. 19. Considera-se instituída a arbitragem quando aceita a nomeação pelo árbitro, se for único, ou por todos, se forem vários. [...] § 2º A instituição da arbitragem interrompe a prescrição, retroagindo à data do requerimento de sua instauração, ainda que extinta a arbitragem por ausência de jurisdição."

43   "Art. 13. Pode ser árbitro qualquer pessoa capaz e que tenha a confiança das partes. [...] § 4º As partes, de comum acordo, poderão afastar a aplicação de dispositivo do regulamento do órgão ar-

108 MANUAL DOS MESCS

e também prestigiando a independência do árbitro. Na verdade, com isso, foi gerada a possibilidade para que as partes, se acordarem, possam afastar a aplicação de dispositivo de órgão arbitral que limite a possibilidade de escolha de árbitro único, coárbitro ou presidente do tribunal à respectiva lista de árbitros. Como resultado, ficam sepultadas as listas fechadas, e as partes poderão indicar árbitro que não conste da lista da instituição arbitral. Lembrando que árbitro é função e não cargo, como magistrado.

Sentenças parciais e complementares

Ao art. 23 da norma foi inserido o § 1º, o qual permite a prolação de sentenças parciais, medida que já vinha sendo adotada em algumas câmaras arbitrais.

Igualmente, foi alvo de preocupação a questão das sentenças incompletas. O § 4º do art. 33 destaca que a parte interessada poderá ingressar em juízo para solicitar a sentença arbitral complementar se o árbitro não tiver decidido a respeito de todos os pedidos.

Carta arbitral

Ademais, foi incluído também o art. 22-C ao texto da lei. Tal artigo prevê a figura da *carta arbitral*. Consiste esta em uma espécie de canal de comunicação entre o tribunal arbitral e o Poder Judiciário. Serve a *carta* como instrumento que ajuda a garantir a decisão de cunho arbitral.

O árbitro, por não ter poder de império, não pode bloquear, arrestar ou sequestrar bens, embora possa decidir sobre a necessidade dessas medidas. Deve, então, ao Estado-juiz, em cooperação com a jurisdição arbitral, emprestar eficácia para que não pereça um direito de algum dos litigantes na seara arbitral.

Com exceção da arbitragem, que tenha como parte a administração pública, determinou o legislador que o procedimento de cumprimento da carta arbitral observe o segredo de justiça, em virtude do preceito da confidencialidade. Porém, essa determinação só vale desde que comprovado que a confidencialidade foi estipulada pelos litigantes para o procedimento arbitral.

---

bitral institucional ou entidade especializada que limite a escolha do árbitro único, coárbitro ou presidente do tribunal à respectiva lista de árbitros, autorizado o controle da escolha pelos órgãos competentes da instituição, sendo que, nos casos de impasse e arbitragem multiparte, deverá ser observado o que dispuser o regulamento aplicável."

Em resumo, a reforma na Lei de Arbitragem foi muito bem recebida pela sociedade e estudiosos, e acabou por trazer avanços significativos, sobretudo por ratificar a aplicação da arbitragem aos contratos da administração pública, o que poderá auxiliar na atração de investimentos estrangeiros para o país.

Homologação de sentença estrangeira

A palavra *sentença* é expressão que se refere à soberania nacional, possuindo força executória dentro das fronteiras estatais do Estado prolator (TENÓRIO, 1976, p. 380). No entanto, os efeitos de uma sentença nem sempre se limitam ao território do Estado que a profere, sendo assim necessária sua execução dentro de uma nação estrangeira para que a tutela abarcada por ela não se torne ilusória (MOREIRA, 2005, p. 50).

Dessa forma, a homologação de sentença estrangeira é uma ação judicial necessária para que esta possa valer no território daquele Estado que se objetiva produzir efeitos, devendo ser levada em consideração, sempre, porém, a máxima que dá conta do princípio da soberania nacional, que legitima aos países a análise quanto à validade da sentença no território do Estado que fará o exame para a sua recepção e absorção.

De acordo com Moreira: "Homologar é tornar o ato, que se examina, semelhante, adequado, ao ato que devia ser" (MOREIRA, 2005, p. 63-4).

No Brasil, a partir da edição da Emenda Constitucional n. 45/2004, transferiu-se a competência de homologação das referidas sentenças estrangeiras do Supremo Tribunal Federal para o Superior Tribunal de Justiça. Isso posto, foi publicada pelo STJ a Resolução n. 9/2005, para reger o procedimento a ser desenvolvido para a plena e formal homologação da sentença. Salienta-se, ainda, ser necessária a atuação de um advogado para o exercício do *jus postulandi* diante do Tribunal Superior, determinação essa sempre obrigatória quando da apreciação no Órgão Superior.

Natureza da sentença estrangeira

Tratando mais detidamente da natureza da sentença estrangeira, na hipótese de *sentença declaratória* ou *constitutiva*, a simples homologação se faz suficiente para a outorga de tutela ao demandante, dado que estas são autossuficientes.

Todavia, caso esta seja de natureza *mandamental* ou *executiva*, não basta a sua homologação, pois, conforme dispõe o art. 475, I, do CPC/73, atual art. 509,

110 MANUAL DOS MESCS

§ 1º, do CPC/2015,[44] a tutela do direito somente será prestada ao demandante após cumprida a sentença, sendo então denominada *não autossuficiente*. Por tal via, dada a sua insuficiência, a competência para tratar do assunto recai à Justiça Federal, conforme dispõe o art. 109, X, da Constituição Federal de 1988.[45]

Por outro lado, quando a sentença estrangeira tratar de *obrigação de fazer ou não fazer*, o cumprimento se dará de acordo com o art. 461 do CPC/73, atual art. 497, *caput* e parágrafo único, do CPC/2015.[46]

Ainda caminhando, quando a decisão alienígena tratar de *direito das coisas* ou *declaração de vontade*, será regida pela disposição dos arts. 461-A e 466-A do CPC/73, atuais arts. 498 e 501 do CPC/2015.[47] Por último, quando versar sobre *pagamento de quantia certa*, seguirá as disposições do art. 475-J do CPC/73, atual art. 523, *caput* e § 1º, do CPC/2015.[48]

Ademais, não sendo autossuficiente a sentença estrangeira, segundo o art. 12 da Resolução n. 9 do Superior Tribunal de Justiça,[49] deve esta ser homologada por carta de sentença extraída dos autos do processo de homologação. Como lembrete, a Justiça Federal deverá sempre observar o disposto no CPC/73, em seu art. 483, atual art. 961 do CPC/2015.[50]

---

44   "Art. 509. [...] § 1º Quando na sentença houver uma parte líquida e outra ilíquida, ao credor é lícito promover simultaneamente a execução daquela e, em autos apartados, a liquidação desta."

45   "Art. 109. [...] X – os crimes de ingresso ou permanência irregular de estrangeiro, a execução de carta rogatória, após o *exequatur*, e de sentença estrangeira, após a homologação, as causas referentes à nacionalidade, inclusive a respectiva opção, e à naturalização; [...]."

46   "Art. 497. Na ação que tenha por objeto a prestação de fazer ou de não fazer, o juiz, se procedente o pedido, concederá a tutela específica ou determinará providências que assegurem a obtenção de tutela pelo resultado prático equivalente. Parágrafo único. Para a concessão da tutela específica destinada a inibir a prática, a reiteração ou a continuação de um ilícito, ou a sua remoção, é irrelevante a demonstração da ocorrência de dano ou da existência de culpa ou dolo."

47   "Art. 498. Na ação que tenha por objeto a entrega de coisa, o juiz, ao conceder a tutela específica, fixará o prazo para o cumprimento da obrigação. Parágrafo único. Tratando-se de entrega de coisa determinada pelo gênero e pela quantidade, o autor individualizá-la-á na petição inicial, se lhe couber a escolha, ou, se a escolha couber ao réu, este a entregará individualizada, no prazo fixado pelo juiz. [...] Art. 501. Na ação que tenha por objeto a emissão de declaração de vontade, a sentença que julgar procedente o pedido, uma vez transitada em julgado, produzirá todos os efeitos da declaração não emitida."

48   "Art. 523. No caso de condenação em quantia certa, ou já fixada em liquidação, e no caso de decisão sobre parcela incontroversa, o cumprimento definitivo da sentença far-se-á a requerimento do exequente, sendo o executado intimado para pagar o débito, no prazo de 15 (quinze) dias, acrescido de custas, se houver. § 1º Não ocorrendo pagamento voluntário no prazo do *caput*, o débito será acrescido de multa de dez por cento e, também, de honorários de advogado de dez por cento."

49   "Art. 12. A sentença estrangeira homologada será executada por carta de sentença, no Juízo Federal competente."

50   "Art. 961. A decisão estrangeira somente terá eficácia no Brasil após a homologação de sentença estrangeira ou a concessão do *exequatur* às cartas rogatórias, salvo disposição em sentido contrário de lei ou tratado. § 1º É passível de homologação a decisão judicial definitiva, bem como a decisão não judicial que, pela lei brasileira, teria natureza jurisdicional. § 2º A decisão estrangeira poderá

CAPÍTULO 7 – ARBITRAGEM   111

A homologação de sentença alienígena tem grande importância para o campo das relações internacionais, pois que sua principal função é a de buscar a cooperação entre Estados, por meio da solidariedade que faz com que as nações homologuem a sentença de um Estado estrangeiro, uma vez que a validade e a eficácia desta são submetidas à soberania de cada ente.

Teorias da homologação de sentença estrangeira

Existem teorias que tentam explicar os argumentos e regimes pelos quais passam as sentenças que obstinam a homologação. Há o *sistema de revisão do mérito da sentença*, o *sistema parcial de revisão do mérito*, o *sistema de reciprocidade diplomática*, o *sistema da reciprocidade de fato* e o *processo de deliberação*.

O *sistema de revisão do mérito da sentença* consiste no novo julgamento da causa que deu origem à "sentença", como se esta jamais houvesse existido, abrindo assim novos prazos para produção de provas e para a reanálise das já constituídas, podendo ser ratificadas somente após o trânsito em julgado no órgão estrangeiro. É um sistema bastante complexo e tardio, mas que torna o direito estrangeiro mais justo mediante a jurisdição do país homologador.

Já o *sistema parcial de revisão do mérito* é imposto com o objetivo de analisar a aplicabilidade da lei do país em que a sentença será executada. Busca-se distinguir se existe ou inexiste possibilidade da aplicação da lei fundamentada na sentença estrangeira no Estado no qual a sentença deverá produzir seus efeitos.

Pelo *sistema de reciprocidade diplomática*, o que se tem como base é o uso de tratados internacionais de homologação de sentença estrangeira, de maneira que, não existindo entre determinados países acordo que anteriormente preveja a homologação de sentença entre eles, esta não obterá êxito em sua execução.

Quanto ao *sistema de reciprocidade de fato*, a homologação será possível quando os Estados envolvidos possuírem os mesmos institutos, por exemplo: união civil de indivíduos do mesmo sexo.

---

ser homologada parcialmente. § 3º A autoridade judiciária brasileira poderá deferir pedidos de urgência e realizar atos de execução provisória no processo de homologação de decisão estrangeira. § 4º Haverá homologação de decisão estrangeira para fins de execução fiscal quando prevista em tratado ou em promessa de reciprocidade apresentada à autoridade brasileira. § 5º A sentença estrangeira de divórcio consensual produz efeitos no Brasil, independentemente de homologação pelo Superior Tribunal de Justiça. § 6º Na hipótese do § 5º, competirá a qualquer juiz examinar a validade da decisão, em caráter principal ou incidental, quando essa questão for suscitada em processo de sua competência."

112   MANUAL DOS MESCS

O método adotado pelo Estado brasileiro e pelo italiano é o *processo de deliberação*, a partir do qual são levadas em consideração as formalidades da sentença, respeitando-se assim o contraditório e a ampla defesa; a legitimidade dos atos processuais e o respeito aos direitos humanos fundamentais, garantindo-se, com todos os elementos em conjunto, que seja um processo justo.

Processo de reconhecimento perante a Justiça brasileira

O processo de reconhecimento da sentença estrangeira tem início com a organização dos documentos originados no país estrangeiro, entre eles a sentença devidamente legalizada no consulado brasileiro do país originário da sentença, e os demais documentos, todos devidamente traduzidos para entrada no processo do STJ.

Conforme leciona Barbosa Moreira, existem duas concepções distintas para o reconhecimento das sentenças estrangeiras. A primeira busca o reconhecimento como uma extensão dos efeitos da própria sentença – "importação da eficácia" (MOREIRA, 2005, p. 63-4). Portanto, a lei que regeria os efeitos da sentença seria a do Estado onde foi proferida.

Já a segunda concepção entende que o reconhecimento atribui à sentença efeitos iguais àqueles atribuídos a um julgado nacional de conteúdo idêntico. Nesse caso, o reconhecimento seria regido pela lei do Estado que a recepciona.

De acordo com o que é previsto na Emenda Constitucional n. 45/2004 e em conformidade com a redação dada pelo art. 15 da Lei de Introdução às normas do Direito Brasileiro, a redação *in verbis* traz:

a) haver sido proferida por juiz competente;
b) terem sido as partes citadas ou haver-se legalmente verificado à revelia;
c) ter passado em julgado e estar revestida das formalidades necessárias para a execução no lugar em que foi proferida;
d) estar traduzida por intérprete autorizado;
e) ter sido homologada pelo Supremo Tribunal Federal.

O direito estrangeiro será aplicado na homologação de sentença alienígena, de forma direta e indireta. Será aplicado de forma direta quando:
a) O processo a ser observado é o da *lex fori*, ou seja, as regras processuais da lei nacional.
b) Quanto às provas, os tribunais não aceitam prova que sua lei desconheça.
c) O processo tem a devida tramitação perante o juiz do foro.

CAPÍTULO 7 – ARBITRAGEM   113

d) A primeira tarefa do juiz é identificar o elemento de conexão. Uma vez conhecido, o juiz saberá, consequentemente, qual a lei a ser aplicada ao caso sob exame, ou seja, se a nacional ou a estrangeira.

e) Tratando-se de lei estrangeira, passará à qualificação.

f) Distinguida a instituição estrangeira e, em havendo identidade desta com uma do nosso sistema jurídico, o juiz investiga o conflito da lei com a ordem pública.

g) O trabalho subsequente é a interpretação, que deve estar dentro dos critérios previstos pelo direito pátrio.

h) E conflitando com a ordem pública, não há mais o que se fazer, a lei estrangeira não poderá ser aplicada.

i) Não sendo a instituição, cuja aplicação é prevista, conhecida, só restará ao juiz, por meio do mérito comparativo, buscar outra do direito interno semelhante.

A homologação da sentença estrangeira também poderá ser aplicada de forma indireta. É o caso, como ilustração, quando é aplicada por juiz brasileiro sentença proferida com base no direito alemão, conforme o exemplo que se segue:

a) A sentença é proferida por juiz estrangeiro.

b) Sua execução será no país homologador, ou seja, seus efeitos agirão no Estado homologador.

c) Após ser homologada pelo referido país mediante seu organismo competente para tal, no Brasil o Superior Tribunal de Justiça, conforme a EC n. 45/2004 e a reforma da Lei arbitral.

d) A sentença estrangeira que é homologada produz assim dois efeitos. Primeiro, faz-se coisa julgada, produzindo autoridade de coisa julgada no Brasil. Segundo, torna-se título executivo judicial. Observa-se, ainda, que o título executivo extrajudicial dispensa a homologação, assim como as decisões interlocutórias.

Cumpre ressaltar, no entanto, o posicionamento de Luís de Lima Pinheiro:

> Não é possível afirmar que todos os efeitos da sentença são recepcionados incondicionalmente, pois há a possibilidade de excluir os efeitos desta, quando forem desconhecidos pelo direito do Estado do qual está sendo requerida a homologação (PINHEIRO, 2002, p. 250).

Ante o exposto, tem-se que a homologação é um processo autônomo, de rito especial, apresentando o contraditório, e cujo processo principal se dá no

114 MANUAL DOS MESCS

país estrangeiro, tendo, por óbvio, sentença primeiramente prolatada no país estrangeiro.

Para diversos estudiosos no assunto, fazem-se, porém, necessárias a aplicação e a regulamentação de um regime para negar o reconhecimento de uma sentença alienígena, que fira o direito interno de um Estado para os efeitos da ordem pública. Tais regulamentações e denominações, dadas pelo que se entende contrárias à ordem social, permitem várias interpretações e são subjetivas para qualquer Estado.

De acordo com a legislação brasileira, no art. 17 da Lei de Introdução às normas do Direito Brasileiro,[51] usa-se os termos *soberania nacional, bons costumes* e *ordem pública* para limitar o entendimento no que tange à matéria da sentença estrangeira. Segundo Oscar Tenório, "a utilização dessas expressões é bastante criticável, já que não há especificado na doutrina pátria e na jurisprudência o real significado e a distinção entre as referidas palavras. Encontramse significados entre elas demasiadamente similares, mostrando-as como sinônimos de "ordem social" (TENÓRIO, 1965, p. 330).

Para o já mencionado autor, a *ordem pública* é resumida como a abrangência de tudo aquilo que se pretende determinar como ofensa àquela ordem, de tal modo que o objeto de interesse da "ordem pública" vem a ser a manutenção e o respeito pelas instituições nacionais.

De acordo com Jacob Dolinger,

> a ordem jurídica de determinado país nada mais é do que a expressão dos valores morais e políticos de uma sociedade. A ordem pública funciona, portanto, como a limitadora de vontade das partes, estabelecendo um controle a essa vontade quando manifestada contra leis cogentes. Esse limite existe para proteger a "ordem pública" (DOLINGER, 2001, p. 385).

Dessa maneira, quando inexiste a possibilidade de aplicação da norma alienígena por esta colidir com a ordem pública, acontece a denominada "exceção de ordem pública", que traz como reflexo a aplicação da *lex fori*. Tal utilização poderá conter efeitos positivos ou negativos (ARAÚJO, 2006, p. 100).

O efeito negativo vem a ser a aplicação da norma do país requerido, em detrimento da lei alienígena, nos casos em que a lei local vedar o que é permitido na normativa estrangeira. Já no que concerne aos efeitos positivos, dá-se nos casos em que a lei estrangeira proíbe tudo o que a norma local permite.

---

51 "Art. 17. As leis, atos e sentenças de outro país, bem como quaisquer declarações de vontade, não terão eficácia no Brasil, quando ofenderem a soberania nacional, a ordem pública e os bons costumes."

CAPÍTULO 7 – ARBITRAGEM **115**

Diga-se que, quando existir o efeito negativo, a norma negará a aplicação da lei estrangeira permissiva, enquanto no segundo caso a ordem pública local exigirá o uso do direito ou da faculdade não permitidos ou não conhecidos pela legislação alienígena.

Diga-se, nesse particular, que o ordenamento pátrio, sobretudo no art. 17 da Lei de Introdução às normas do Direito Brasileiro (LINDB), prevê a regra de ordem pública no plano do direito internacional privado. Tem-se, dessa forma, que a utilização do princípio da ordem pública se dará mediante a análise do juiz, levando-se em consideração o caso concreto.

É apenas de se salientar que não é razoável a utilização desmedida do princípio por aqueles que resistem à aplicação da lei estrangeira no âmbito nacional, tendo em vista o fato de que o princípio da ordem pública tem como fito manter o equilíbrio do regime internacional dentro da comunidade internacional. Logo, deve-se lançar mão do preceito com elevada cautela para que não exista imprudências em sua utilização.

Dessa forma, poderá haver uma sentença alienígena que possua em seu conteúdo material direito contrário à ordem social de um determinado Estado, sem, entretanto, que necessariamente deixe de ser homologada. Isso se deve ao fato de a posição doutrinária majoritária expressar que a impossibilidade de homologar a sentença alienígena se deve a uma ofensa bastante grave ao ordenamento jurídico local, até porque é uma garantia jurídica que os indivíduos possuem de ter o seu direito reconhecido e cumprido na íntegra em determinado país, beneficiando as relações internacionais do Brasil e sua maior interação com o cenário da sociedade internacional.

Outra diferença a ser observada se refere ao sistema de reconhecimento e de não reconhecimento de sentença alienígena. Vale dizer que o sistema de não reconhecimento se solidifica na inexistência de qualquer reconhecimento da sentença pela legislação local, não existindo, portanto, uma sentença que equivalha à estrangeira. O Código de Processo Civil, nesse caso, aplica o sistema de "presunção em favor do litigante vigoroso no exterior".

Já o sistema de reconhecimento concede eficácia à sentença estrangeira dentro do território nacional, comportando, todavia, algumas subdivisões quanto à forma de reconhecimento.

Continuando, há que se considerar o sistema de reconhecimento automático, que independe de um procedimento anterior de análise processual ou da sentença para dar eficácia interna à sentença estrangeira. Tal mecanismo é assumido pela Convenção de Bruxelas e pela Convenção de Lugano, em sede de conteúdos civis, patrimoniais, comerciais, assim como no âmbito do direi-

116   MANUAL DOS MESCS

to alemão, do direito francês, do suíço e, finalmente, do inglês, neste último com algumas exceções à regra.

O último sistema exposto, denominado sistema da reciprocidade, é aquele pelo qual um país somente reconhecerá a aplicabilidade da sentença alienígena se, por outro lado, houver o mesmo tratamento em relação à sua sentença. Tal reciprocidade poderá ser *legislativa*, quando fundada na lei; *diplomática*, quando resultar de um tratado; e, finalmente, *de fato*, sempre que fundada nas práticas dos tribunais locais.

Uma vez transitada em julgado, em conformidade com o STJ, cumpre ao interessado requerer, independentemente de petição, a denominada extração (retirada) da "carta de sentença", conforme prevê o art. 12 da Resolução n. 9 do Superior Tribunal de Justiça.

Cumpre ressaltar, ainda, que de acordo com a Ministra Relatora Dra. Nancy Andrighi, no ordenamento jurídico pátrio se elegeu o critério geográfico (*ius solis*) para a determinação da nacionalidade das sentenças arbitrais, baseando-se exclusivamente no local de onde a decisão emanar, conforme define o art. 34 da Lei de Arbitragem (Lei n. 9.307/96).[52]

Afirma, ainda, que a sentença arbitral alienígena em comento de nacionalidade brasileira constitui, nos termos do art. 475-N do CPC/73, atual art. 515 do CPC/2015,[53] e art. 31 da Lei de Arbitragem,[54] título executivo idôneo para embasar a ação de execução da qual o presente recurso especial se origina, razão pela qual se torna desnecessária a homologação pela Corte.

---

52   "Art. 34. A sentença arbitral estrangeira será reconhecida ou executada no Brasil de conformidade com os tratados internacionais com eficácia no ordenamento interno e, na sua ausência, estritamente de acordo com os termos desta Lei. Parágrafo único. Considera-se sentença arbitral estrangeira a que tenha sido proferida fora do território nacional."

53   "Art. 515. São títulos executivos judiciais, cujo cumprimento dar-se-á de acordo com os artigos previstos neste Título: I – as decisões proferidas no processo civil que reconheçam a exigibilidade de obrigação de pagar quantia, de fazer, de não fazer ou de entregar coisa; II – a decisão homologatória de autocomposição judicial; III – a decisão homologatória de autocomposição extrajudicial de qualquer natureza; IV – o formal e a certidão de partilha, exclusivamente em relação ao inventariante, aos herdeiros e aos sucessores a título singular ou universal; V – o crédito de auxiliar da justiça, quando as custas, emolumentos ou honorários tiverem sido aprovados por decisão judicial; VI – a sentença penal condenatória transitada em julgado; VII – a sentença arbitral; VIII – a sentença estrangeira homologada pelo Superior Tribunal de Justiça; IX – a decisão interlocutória estrangeira, após a concessão do *exequatur* à carta rogatória pelo Superior Tribunal de Justiça; X – (*vetado*). § 1º Nos casos dos incisos VI a IX, o devedor será citado no juízo cível para o cumprimento da sentença ou para a liquidação no prazo de 15 (quinze) dias. § 2º A autocomposição judicial pode envolver sujeito estranho ao processo e versar sobre relação jurídica que não tenha sido deduzida em juízo."

54   "Art. 31. A sentença arbitral produz, entre as partes e seus sucessores, os mesmos efeitos da sentença proferida pelos órgãos do Poder Judiciário e, sendo condenatória, constitui título executivo."

CAPÍTULO 7 – ARBITRAGEM **117**

O sistema de recepção de sentença estrangeira, porém, é um assunto bastante controverso no cenário internacional, já que há três possibilidades para serem adotadas em alguns Estados que aplicam o princípio da reciprocidade. Isto é, a sentença poderá produzir efeitos em seu espaço territorial, desde que ocorra no país de onde emana a sentença. Outros Estados adotam o caráter meramente probatório das sentenças alienígenas (FAZZALARI, 1994, p. 283), ou seja, reconhecem o mesmo valor de uma sentença nacional.

Baseado no sistema italiano, o Brasil adota o caráter probatório da sentença alienígena e, por essa razão, passa a sentença estrangeira a produzir seus efeitos no território nacional após o juízo de deliberação.

A partir da orientação traçada pelo mecanismo, portanto, não se aplica questão de ordem formal, mas sim o princípio do devido processo legal para reconhecer a sentença alienígena. Logo, preceitos como a competência do órgão julgador, o respeito ao contraditório e a ampla defesa, a adaptação do julgado à ordem pública, aos bons costumes e à soberania nacional estão na ordem do dia quando da adoção do sistema.

Concluindo, no Brasil, a partir da publicação da EC n. 45/2004, a competência para homologar a sentença alienígena é do Superior Tribunal de Justiça, em conformidade com o disposto no art. 105, I, *i*, da Constituição Federal de 1988. Outros artigos que ainda tratam do tema são os arts. 483 e 484 do Código de Processo Civil/73, atuais arts. 961, *caput*,[55] e 965, *caput*,[56] do CPC/2015 e o art. 15 da Lei de Introdução às normas do Direito Brasileiro.[57]

Portanto, é possível salientar que a concentração da homologação apenas no STJ favorece a produção harmônica de uma jurisprudência e, dessa maneira, dão-se a segurança jurídica e a certeza do direito.

É de se lembrar, de todo modo, que em conformidade com o art. 5º da Resolução n. 9 do STJ, são requisitos indispensáveis para a validade e para a análise da sentença alienígena:

I – haver sido proferida por autoridade competente;

---

55 "Art. 961. A decisão estrangeira somente terá eficácia no Brasil após a homologação de sentença estrangeira ou a concessão do *exequatur* às cartas rogatórias, salvo disposição em sentido contrário de lei ou tratado."

56 "Art. 965. O cumprimento de decisão estrangeira far-se-á perante o juízo federal competente, a requerimento da parte, conforme as normas estabelecidas para o cumprimento de decisão nacional."

57 "Art. 15. Será executada no Brasil a sentença proferida no estrangeiro, que reúna os seguintes requisitos: *a)* haver sido proferida por juiz competente; *b)* terem sido as partes citadas ou haver-se legalmente verificado à revelia; *c)* ter passado em julgado e estar revestida das formalidades necessárias para a execução no lugar em que foi proferida; *d)* estar traduzida por intérprete autorizado; *e)* ter sido homologada pelo Supremo Tribunal Federal."

118   MANUAL DOS MESCS

II – terem sido as partes citadas ou haver-se legalmente verificado à revelia;
III – ter transitado em julgado; e
IV – estar autenticada pelo cônsul brasileiro e acompanhada de tradução por tradutor oficial ou juramentado no Brasil.

A seguir, para efeito de estudo, seguem alguns comentários sobre julgados que tiveram como conteúdo a homologação da sentença estrangeira.

Pensão alimentícia

Recentemente, houve uma decisão proferida pelo STJ que entendeu que a posterior propositura no Brasil de ações de separação e de alimentos estrangeira, cujas ações não transitaram em julgado, não é empecilho por si só da homologação de sentenças estrangeira; dessa forma, contraria a própria Resolução n. 9, em que se fala do trânsito em julgado como requisito.

Em 2008, o STJ havia decretado o divórcio de um casal e aprovou o acordo proposto, que foi ratificado por ambos os cônjuges. Em 1992, o casal se casara em São Luís, no Brasil, em comunhão parcial de bens. A mulher alegou que todo o patrimônio do casal fora adquirido na constância do casamento e que a ação de divórcio havia sido proposta pelo marido, que versava somente sobre a separação deles e da guarda dos filhos, sem pedir a partilha de bens. Em 2007, a mulher conseguiu o protocolo de separação litigiosa no Brasil, e um ano depois o marido pediu a homologação oficial da sentença estrangeira.

De acordo com a Ministra Nancy Andrighi, o pedido foi parcialmente acolhido:

Apenas no tocante à partilha de bens, excluídas da homologação as disposições acerca do divórcio do casal e da guarda, visitação e alimentos devidos aos filhos, e ressalvando que a homologação não gera efeitos em relação à partilha da compensação por danos morais reconhecida pela Justiça brasileira.[58]

O Ministro Teori Zavascki proferiu os seguintes dizeres:

Essa questão, como se percebe, diz respeito à eficácia do julgado, e não à homologabilidade da sentença estrangeira. A resposta se resolve pela prioridade da

---

58   Disponível em: http://stj.jusbrasil.com.br/noticias/100056371/posterior-propositura-de-acoes-no--brasil-nao-e-empecilho-a-homologacao-da-sentenca-estrangeira. Acesso em: 20 dez. 2021.

CAPÍTULO 7 – ARBITRAGEM   119

coisa julgada: prevalece a sentença que transitar em julgado em primeiro lugar, considerando-se, para esse efeito, relativamente à sentença estrangeira, o trânsito em julgado da decisão do STJ que a homologa, já que essa homologação é condição de eficácia da sentença homologada.[59]

Portanto, votou pela homologação total da sentença. Infelizmente não se tem o número do voto em razão de sigilo judicial.

Inadimplemento contratual

Foi negado o cumprimento de uma sentença que condenava o Museu de Artes de São Paulo Assis Chateaubriand (Masp) na Justiça de Israel por falta de citação, que é outro requisito fundamental devidamente regulamentado pela Resolução n. 9/2005. O Masp foi condenado pela Justiça de Israel em virtude de inadimplemento contratual.

A Corte do STJ, seguindo o voto do Ministro Felix Fischer, entendeu que a citação da pessoa domiciliada no Brasil para responder a processo judicial no exterior deve ser feita por carta rogatória, sendo inadmissível qualquer outra modalidade. O Ministro, embasando a sua decisão, disse:

> De fato, em processo judicial oriundo do exterior, o entendimento consolidado neste STJ é no sentido de que o ato citatório praticado em face de pessoa domiciliada no estrangeiro deve ser realizado de acordo com as leis do país onde tramita a ação. Todavia, se a pessoa a ser citada for domiciliada no Brasil, é necessário que sua regular citação se dê por carta rogatória ou se verifique legalmente a ocorrência de revelia (SEC n. 7.193).

Em outro caso, o STJ, em 2010, condenou dois brasileiros ao acolher o pedido de homologação de sentença estrangeira do Paraguai, em virtude do não cumprimento contratual de contrato de compra e venda de imóvel. A relatora Ministra Nancy Andrighi considerou que a sentença já fora proferida por autoridade competente e que o contrato, tendo sido celebrado no Paraguai, de acordo com leis vigentes naquele país, não eram competência da Justiça brasileira. Os documentos dos autos estão autenticados pelo Consulado-Geral do Brasil em Assunção e traduzidos por tradutor público juramentado; cumpre, portanto, os requisitos.

---

59   Ver nota 58.

Sentença arbitral estrangeira julgada por órgão competente – extinção sem julgamento de mérito

Outra decisão de suma relevância, tomada em 2010 pelo STJ no REsp n. 1.203.430, foi a de que a homologação de sentença arbitral extingue processo no Brasil, ou seja, a sentença arbitral estrangeira homologada pelo órgão julgador competente justifica a extinção sem julgar o mérito do processo judicial movido no Brasil por questão similar. A 3ª Turma entende que, uma vez homologada a sentença, a extinção do processo judicial nacional, com objeto semelhante, fundamenta-se na obrigatoriedade que a decisão arbitral adquire no Brasil, por força da Convenção de Nova York.

Assim sendo, pode-se concluir que, segundo o relator do processo, não há como se admitir a continuidade de processo nacional com o mesmo objeto de sentença homologada, o que poderia configurar "ilícito internacional".

Retificação de nome civil – homologação de sentença estrangeira

Um caso interessante, também julgado pelo STJ em relação à homologação de sentença estrangeira, foi o caso da SEC n. 5.493, em que o objeto era a alteração de nome civil concedido por sentença estrangeira do Tribunal do Estado de Nova York (EUA). O referido tribunal teria concedido a retificação do nome civil de um cidadão nascido naquele estado, que possuía dois registros civis, sendo um deles norte-americano e o outro, brasileiro.

Segundo o relator do caso, inclusive com base na Resolução n. 9/2015 do STJ, o Sr. Ministro Felix Fischer:

> Nesse procedimento de contenciosidade limitada estão alheios ao controle do STJ exames relativos ao mérito da causa ou questões discutidas no âmbito do processo. Cumpridos os requisitos estabelecidos em lei e respeitados os bons costumes, a soberania nacional e a ordem pública, a sentença deve ser homologada (SEC n. 5.493/US).

O Ministério Público opinou pela não homologação da sentença, uma vez que era uma ofensa à ordem pública e aos princípios da soberania nacional, pois entende que não está prevista no ordenamento jurídico brasileiro a hipótese do consentimento de alteração de nome pela Justiça norte-americana. Contudo, para o relator do processo, o raciocínio do *parquet* não deve prosperar:

CAPÍTULO 7 – ARBITRAGEM   121

A sentença estrangeira que se busca homologar foi proferida com fundamento nas leis vigentes no direito norte-americano, lá encontrando o seu fundamento de validade. Ademais, a ausência de previsão semelhante no ordenamento pátrio, além de não tornar nulo o ato estrangeiro, não implica, no presente caso, ofensa à ordem pública ou aos bons costumes (SEC n. 5.493/US).

O relator ainda menciona que o MP "deixou de apontar dados concretos que dessem suporte à tese de que a homologação da presente sentença estrangeira resultaria em ofensa à ordem pública e à soberania nacional" (SEC n. 5.493/US), por exemplo, criar embaraços a eventuais obrigações contraídas em solo brasileiro, dificultar a identificação de laços familiares ou atrapalhar o andamento de eventuais ações judiciais contra o requerente.

CAPÍTULO 8

Arbitragem: as utilizações do instituto

Ao longo dos capítulos anteriores, esta obra se preocupou em mostrar, com maior riqueza de detalhes, sempre que pertinente, as principais informações acerca dos meios extrajudiciais de solução de conflitos – MESCs. O leitor se deparou com os dados mais substanciais e as diretrizes de atuação de meios de solução de conflitos como a mediação, a conciliação e a arbitragem – elementos considerados alicerces dos MESCs –, assim como recebeu amparo a respeito de outras formas de relacionar com conflitos como a negociação, o papel do *ombudsman* e do ouvidor, sistemas que nasceram da arbitragem.

Agora, porém, este Manual – após discorrer a respeito da própria arbitragem, seu procedimento e histórico – trabalhará com maior detalhamento o instituto da arbitragem, não mais em linhas gerais, mas também pontuando nichos de atuação mais específicos e vicissitudes a ele conexas. Essa abordagem mais detida ao instituto se dá exatamente porque a arbitragem vem a ser o MESC notadamente mais consagrado e está na ordem do dia dos MESCs há mais tempo. Isso não quer dizer, por óbvio, que os demais ingredientes não devem receber atenção especial também, haja vista, inclusive, a nova Lei de Mediação, recém-instaurada em território nacional, mas sim que a arbitragem já passou por seu período de nascimento e encontrou sua maturidade.

A possibilidade de uso da arbitragem na recuperação de empresas

A atual Lei de Recuperação Judicial e Falência foi implementada no ano de 2005. Antes dela, porém, o sistema jurídico apresentava um arcabouço de normas arcaico para tratar de empresas que estivessem em situação econômi-

CAPÍTULO 8 – ARBITRAGEM: AS UTILIZAÇÕES DO INSTITUTO 123

ca nada saudável e em vias de desfazimento ou quebra. À época, os efeitos para o cenário eram a falência ou a concordata. Então, a primeira hipótese dizia respeito à situação em que o comerciante estava em estado de insolvência, não adiantando sequer alienar todos os seus ativos para saldar os seus débitos. Na segunda, a da concordata, tinha-se o estado de iliquidez, segundo o qual o comerciante não dispunha de valores suficientes para quitar os seus débitos de pronto, mas seria possível fazê-lo em determinado tempo.

A norma regulamentadora atual, isto é, a Lei n. 11.101/2005, alterou a lógica, fazendo nascer a figura da recuperação judicial e trazendo novos contornos à falência. Seja como for, é importante notar tanto a tendência à manutenção das atividades e a consagração do princípio da função social do contrato como a própria possibilidade de uso da arbitragem quando o empresário individual ou a sociedade empresária se encontrar em ambiente deveras desfavorável.

Pois bem, o que delineia a visão do legislador e do órgão judicante é a ideia da preservação das atividades empresariais e a manutenção de empregos, circulação de riquezas e afins. Sendo assim, em um primeiro momento deve-se sempre se buscar salvar a atividade do empresário ou da sociedade empresarial.

Com base nisso, ainda em âmbito judicial, o empresário ou a sociedade empresária devem fomentar um plano que estipule prazos, metas e caminhos para que a empresa consiga cumprir as suas obrigações, saldar dívidas com credores e, portanto, não encerrar as suas atividades. O plano de recuperação evidentemente deverá passar pelo crivo de aprovação dos credores, sendo certo que esses deverão cooperar com o devedor, agindo com boa-fé para que as obrigações sejam adimplidas, bem como, por outro lado, o devedor não poderá, por dois anos após a aprovação do plano, deixar de cumprir qualquer obrigação, sob pena da convolação da recuperação judicial em falência, o que seria a maior penalidade para o devedor.

Atualmente, é natural se ponderar que o plano, mesmo descrito em minúcias e buscando ser o mais didático, possa não oferecer todas as respostas e não prever todas as dificuldades e interpretações. Nesse compasso, a arbitragem se faz tão presente quanto útil, na medida em que muitas questões suscetíveis ao plano e que ofereçam imbróglio entre credor e devedor possam ser dirimidas pela via arbitral.

A tarefa de enumerar todas as hipóteses em que a arbitragem possa ser usada nesse procedimento é difícil, mas pode se tratar, por exemplo, do ingresso de novos acionistas ou a elevação de capital e a conversão parcial de dívidas em capital ou, igualmente, de cisões e incorporações. No procedimento de

124 MANUAL DOS MESCS

recuperação do empresário ou da sociedade empresária, o instituto da arbitragem certamente pode auxiliar as decisões no plano de recuperação.

Procedimento

Assim como descrito no capítulo anterior sobre a cláusula compromissória, as partes, no bojo da apresentação do plano de recuperação, podem prever se porventura há controvérsia nesse plano, lançando mão da arbitragem para a resolução da contenda.

No entanto, se as partes não se valerem da previsão e não dispuserem sobre a arbitragem em sede de cláusula compromissória, o juiz poderá, durante o processo judicial de recuperação, aconselhar as partes a utilizarem o instituto, sendo certo nesse sentido que elas deverão firmar o compromisso arbitral que referende a arbitragem.

Ademais, a arbitragem terá efeito vinculativo meramente em relação àqueles que assinaram a cláusula compromissória ou o compromisso arbitral, de tal maneira que o devedor que não o fizer não fica subjugado ao determinado na arbitragem.

Por último, não é necessário lembrar que as partes podem simplesmente entender por bem que todo o processo de recuperação judicial seja guiado pela esfera pública, não se valendo da arbitragem. Mesmo assim, a resposta do poder judicante pode apresentar as mesmas dificuldades já muito debatidas por conta da ausência de celeridade.

O procedimento arbitral no Mercado de Valores Mobiliários Brasileiro

O mundo globalizado e seu efeito no ensino jurídico

Globalização é, a grosso modo, o desenvolvimento econômico, tecnológico, social e político que se intensificou a partir da década de 1970 e se desenrola até os dias atuais, sendo decorrente principalmente de uma necessidade do sistema capitalista em atingir novos mercados.

O mundo globalizado não atinge somente a economia e a tecnologia. Seus efeitos se apresentam, também, no mundo jurídico, haja vista que o Direito deve regular novas situações que são apresentadas por conta desse processo.

Na nova ordem global, há uma relação entre o âmbito internacional e o nacional. Significa dizer que há maior relação entre o âmbito interno e o ex-

CAPÍTULO 8 – ARBITRAGEM: AS UTILIZAÇÕES DO INSTITUTO 125

terno dos países, tendo o operador do Direito, atualmente, de cuidar não somente do direito interno, mas também do direito internacional.

O jurista, contudo, não é preparado – na sua formação acadêmica – para as transformações decorrentes do processo de globalização. É necessário, nos dias atuais, pensar além das regras postas pelo Estado, isto é, refletir sobre questões além do direito positivo, uma vez que o universo jurídico possui sua efetividade desafiada pelo aparecimento, cada vez maior, de regras mais específicas, especialmente nos setores da economia.

Pode-se dizer que a alta velocidade do processo de globalização gerou uma crise no sistema de ensino do Direito. Nas faculdades do Brasil, como se sabe, leciona-se a prática jurídica pela tradição romanística. Contudo, o desenvolvimento do mercado – decorrente da nova ordem global – exige, cada vez mais, a familiaridade com o Direito de tradição anglo-saxônica, porquanto as grandes corporações transnacionais são, principalmente, parte dessa outra realidade jurídica.

Nesse ponto, pode-se dizer que a arbitragem e a mediação são mecanismos que tiram o advogado de um ambiente forense e o transferem para um ambiente organizacional e de solução por procedimentos alternativos, quando as lides se apresentam. Ou seja, os MESCs dão ao jurista uma nova ocupação.

Além disso, é inegável que as duas formas de solução extrajudicial citadas fazem com que o operador do Direito tenha uma visão ampla do fenômeno jurídico, fazendo com que o jurista não fique preso somente à tradição romanística do Direito brasileiro.

O mercado de capitais

Na economia capitalista em que vivemos, os agentes econômicos tomam decisões que são relacionadas à produção e ao consumo. O agente pode consumir menos do que produz, formando uma poupança, que ficará disponível para utilização de terceiros. No entanto, pode ser que consuma mais do que produz e, consequentemente, precisará utilizar recursos dos poupadores.

Vale dizer que o mercado de capitais consiste em um sistema que distribui valores mobiliários cuja lógica é a de propiciar liquidez aos títulos de emissão de empresas, assim dinamizando o chamado processo de capitalização.

O processo de globalização trouxe consigo intensa relação entre os países, de modo que o mercado acionário apresenta crescente importância no cenário financeiro internacional.

126   MANUAL DOS MESCS

O Brasil, seguindo a tendência mundial, abriu sua economia para receber investimentos externos, tornando seu mercado de capitais mais ativo. O desenvolvimento do mercado de capitais brasileiro se consolidou no ano de 2010, passando a ser importante alternativa para o financeiro de companhias brasileiras na América Latina e no mundo.

A necessidade do procedimento arbitral no Mercado de Capitais

O sucesso e a consolidação do mercado de capitais dependem da confiabilidade e da segurança do investidor. Ora, é natural que esse só queira investir nesse tipo de mercado – que possui um risco mais elevado quando comparado a investimentos mais conservadores – quando se sinta seguro para tanto. Dessa forma, o crescimento do mercado acionário brasileiro acarretou maior preocupação com a defesa dos interesses dos investidores, haja vista que as quantias aplicadas eram – e continuam sendo – altas.

Visando a aumentar o nível de segurança no mercado de capitais, a BM&FBovespa fez com que as companhias de capital aberto – aquelas que podem negociar suas ações no mercado de capitais – adotassem políticas de governança corporativa, com a finalidade de melhorar a prestação de informações aos investidores, trazendo maior transparência e confiança.

No âmbito da governança corporativa, pode-se dizer que existem três níveis de governança que podem ser adotados pelas empresas, a saber: nível 1, nível 2 e novo mercado.

O procedimento arbitral está relacionado às companhias de nível 2 e de novo mercado, haja vista que tais empresas são obrigadas a aderir à Câmara de Arbitragem da BM&FBovespa para dirimir conflitos societários. A companhia de nível 1, evidentemente, não é obrigada a adotar a arbitragem como forma de resolução de conflitos.

A arbitragem será utilizada, nos casos de companhias de governança nível 2 e novo mercado, para solucionar controvérsias acerca da Lei das S.A., dos estatutos sociais das companhias, das normas editadas pelo Conselho Monetário Nacional, pelo Banco do Brasil e pela Comissão de Valores Mobiliários, dos regulamentos da BM&FBovespa e das demais normas aplicáveis ao funcionamento do mercado de capitais.

A citada Câmara, instituída pela BM&FBovespa, apresenta os seguintes participantes: BM&FBovespa, companhias abertas do novo mercado e do nível 2 de governança corporativa, controladores das companhias e seus administradores, membros do conselho fiscal, investidores e acionistas vinculados às companhias listadas no nível 2 e no novo mercado. Todos esses participantes

CAPÍTULO 8 – ARBITRAGEM: AS UTILIZAÇÕES DO INSTITUTO   127

deverão concordar com o regulamento da Câmara e assinar o termo de anuência, tornando obrigatória a cláusula compromissória e a obrigação de firmar o compromisso arbitral.

A arbitragem no mercado de capitais traz três grandes benefícios, sendo eles:

- O procedimento arbitral acarreta maior celeridade. Dessa forma, a arbitragem atribui maior fluidez ao mercado de capitais, haja vista que a decisão é proferida mais rapidamente. Dessa forma, os investidores não se prejudicam com a demora excessiva do procedimento judicial.

- É permitida, na arbitragem, a escolha do árbitro que proferirá a decisão. Dessa forma, aquele que for o mais especializado será o escolhido para dirimir o litígio e com isso inspira maior confiança ao investidor e à companhia.

- O procedimento arbitral só transcorre na presença das partes e dos árbitros, de modo que há maior sigilo acerca do conflito. Portanto, a arbitragem constitui um sistema reservado de solução de conflitos.

Apesar dos inegáveis benefícios do procedimento arbitral no mercado de capitais, há, até os dias atuais, uma grande resistência das companhias abertas em aderirem ao nível 2 e ao novo mercado de governança corporativa, pois aceitar a arbitragem é abrir mão da morosidade da Justiça comum, haja vista que se obrigam a proceder com a decisão arbitral, caso algum conflito se apresente.

A utilização da arbitragem no âmbito das parcerias público-privadas

Antes de adentrar ao tema do uso da arbitragem nas parcerias público-privadas (PPPs), faz-se interessante, em poucas palavras, definir o que vem a ser essa parceria.

O Professor Antonio Cecílio Moreira Pires, em sua obra *Direito Administrativo*, indica que a "denominada parceria público-privada – PPP vem sendo utilizada nos mais diversos países de modo a viabilizar projetos de interesse para a coletividade. Na parceria público-privada vislumbra-se a possibilidade de retornos positivos para os parceiros público e privado".[1]

O Professor Celso Antônio Bandeira de Mello, reforçando a ponderação e se valendo da própria lei, em seu art. 2º, afirma que "é o contrato administra-

---

1   PIRES, Antonio Cecílio Moreira; TANAKA, Sônia Yuriko Kanashiro (coord.). *Direito administrativo*, 2008, p. 390.

128   MANUAL DOS MESCS

tivo de concessão efetuado ou na modalidade patrocinada ou na modalidade administrativa".[2]

A rigor, conforme assevera Marya Sylvia Zanela Di Pietro acerca da letra da lei, "o dispositivo legal, na realidade, não contém qualquer conceito, porque utiliza expressões que também têm que ser definidas, o que consta dos §§ 1º e 2º do mesmo artigo".

Pelo § 1º, "concessão patrocinada é a concessão de serviços públicos ou de obras públicas de que trata a Lei n. 8.987/95, quando envolver, adicionalmente à tarifa cobrada dos usuários contra prestação pecuniária do parceiro público ao parceiro privado".

Pelo § 2º, "concessão administrativa é o contrato de prestação de serviços de que a Administração Pública seja usuária direta ou indireta, ainda que envolva a execução de obra ou fornecimento e instalação de bens".[3]

Por último, novamente, o Professor Antonio Cecílio Moreira Pires continua a sua análise discorrendo que a norma que instituiu as PPP (Lei n. 11.079/2004) "criou novas modalidades de contrato administrativo de concessão: a concessão patrocinada e a concessão administrativa – no âmbito dos Poderes da União, dos Estados, do Distrito Federal e dos Municípios, aplicando-se, nos termos do parágrafo único do art. 1º, a todos os órgãos da Administração Pública direta, aos fundos especiais, às autarquias, às fundações públicas, às empresas públicas, às sociedades de economia mista e às demais entidades controladas direta ou indiretamente pela União, Estados, Distrito Federal e Municípios".[4]

Determinado o conceito de parceria público-privada, é importante ressaltar que os contratos dessa natureza têm como sentido, para o Brasil, dinamizar a entrada de recursos ao país. Na atual conjuntura econômica, nada mais urgente do que receber investimentos que consigam gerar impacto e fomentar a economia.

A grande questão que envolve o tema e está de acordo com este Manual, e por muito tempo se prolongou, diz respeito ao uso da arbitragem nos casos atinentes às parcerias público-privadas. Primeiro em virtude da discussão acerca da constitucionalidade da arbitragem e, depois, por conta da utilização do instituto quando o poder público é personagem da relação, visto o questionamento acerca da indisponibilidade que toca ao poder público.

---

2   MELLO, Celso Antônio Bandeira de. *Elementos do direito administrativo*, 2015, p. 797.
3   DI PIETRO, Maria Silvia Zanella. *Direito administrativo*. 28.ed. 2015, p. 352.
4   PIRES, Antonio Cecílio Moreira; TANAKA, Sônia Yuriko Kanashiro (coord.). *Direito administrativo*, 2008, p. 390.

CAPÍTULO 8 – ARBITRAGEM: AS UTILIZAÇÕES DO INSTITUTO   129

Com efeito, a Lei das Parcerias Público-Privadas, Lei n. 11.079/2004, foi cristalina ao dizer que o instituto poderia ser usado nesses casos. Só que, por outro lado, faltaram habilidade e cuidado ao legislador para debater com mais profundidade o seu uso. Não há definição se a modalidade caminhará pela arbitragem *ad hoc* ou se será pela arbitragem institucional. Em verdade a norma fica vagando por corredores obscuros ao simplesmente dizer, em seu art. 11, III, que a arbitragem realizada no Brasil deverá ser em português e em consonância com a própria Lei de Arbitragem (Lei n. 9.307/96). Sem alarde, muito pouco, portanto, para basear expediente tão sério.

A ausência de maior rigor obviamente cria obstáculo ao uso da arbitragem nessa seara. É mais do que natural pensar que o empresariado, quando irrompe a tarefa de criar novos contratos e investimentos, operacionaliza análises de riscos e tem o interesse de muito bem saber onde está depositando as suas expectativas e seus valores. A ausência da melhor segurança jurídica, se não inviabiliza, certamente também não motiva o investidor a fazê-lo. O investidor pode se sentir encorajado a investir na medida em que observa que possíveis conflitos terão respostas mais céleres em virtude do uso da arbitragem. Por outro lado, a falta de melhor definição atravanca a assinatura de parcerias com o poder público.

O que se nota, em suma, é que a arbitragem necessita de maior amparo quando analisada no âmbito das parcerias público-privadas, devendo receber maior cautela por parte do legislador para poder melhor orientar os usuários do instituto.

Arbitragem e o poder público

Quando da discussão anteriormente abordada sobre os vinte anos da instauração da Lei de Arbitragem, esta obra procurou comentar a respeito dos diplomas normativos que objetivamente foram influenciados pelo instituto; foi igualmente comentado que algumas das principais mudanças se evidenciaram no bojo da Lei n. 13.129/2015. Aliás, esse preâmbulo acabou por retomar uma discussão iniciada quando se citou, também, linhas atrás, o preceito da confidencialidade, recebendo esse destaque para que fosse de algum modo relativizado.

Isso porque, com a norma, no final do dia, a arbitragem que tenha o poder público como parte passou a observar certas premissas como condição de validade. A mais importante delas foi a submissão do instituto ao princípio da celeridade. Aqui, cabe abrir um parêntese.

130 MANUAL DOS MESCS

Ao longo dos tempos, a arbitragem sempre foi encarada como um modo de resolver um litígio entre partes, com estas indicando um terceiro, imparcial, para analisar o conflito. Um dos *ativos* da arbitragem sempre foi a confidencialidade, de tal modo que as partes envolvidas poderiam ter o conflito dirimido *intramuros*, de maneira que a decisão apenas atingisse aos litigantes, preservando assim a imagem das partes. Isso, do ponto de vista empresarial, é tido como evidente vantagem, já que se mantém preservada a figura da instituição no universo corporativo.

A partir de agora, este livro se compromete a rediscutir o preceito da confidencialidade.

Conforme se adiantou, o princípio da publicidade, obrigatório nas questões envolvendo a administração pública, deve ser também utilizado pela arbitragem quando o poder público figura como parte. Ora, essa lógica poderia oferecer profundo embate, tendo em vista que um dos predicados da arbitragem seria exatamente o da confidencialidade. Se, por exemplo, uma empresa de renomado calibre se vale da arbitragem, poderia ela não querer que aquilo que foi discutido internamente ficasse exposto aos olhos da sociedade.

Mas a própria Lei n. 13.129/2015 relata essa obrigatoriedade. Sendo assim, cabe a discussão acerca da essencialidade da confidencialidade para o instituto da arbitragem. Na verdade, porém, o que há de mais elementar para a arbitragem é a autonomia da vontade das partes. Ou seja, as partes litigantes selecionam um terceiro, distante do conflito, para julgá-lo. A confidencialidade, então, refere-se a uma qualidade adstrita ao instituto, mas não parte essencial a ele. Diga-se, inclusive, que a Lei de Arbitragem nada dispõe a respeito da confidencialidade, mas, faz expressa referência ao dever de discrição dos árbitros em seu art. 13, § 6º.[5]

A norma também deixou a cargo dos litigantes – consagrando o princípio da autonomia das partes – a livre escolha quanto às regras primordiais do procedimento de arbitragem. Desse modo, a despeito de algumas câmaras de arbitragem disporem em seus regramentos internos acerca da confidencialidade dos conflitos, absolutamente nada impede que o acordo de vontade rechace essa previsão.

Muitos discutem, inclusive, sobre uma suposta distinção entre os conceitos da confidencialidade e da privacidade, dizendo que a primeira deveria se referir ao sigilo dos fatos, dos documentos oferecidos nos autos, das afirmações

---

5   "Art. 13. Pode ser árbitro qualquer pessoa capaz e que tenha a confiança das partes. [...] § 6º No desempenho de sua função, o árbitro deverá proceder com imparcialidade, independência, competência, diligência e discrição."

CAPÍTULO 8 – ARBITRAGEM: AS UTILIZAÇÕES DO INSTITUTO 131

dos envolvidos e da decisão do tribunal. Já a privacidade retrataria mero dever de não interferência no espaço físico em que a arbitragem estaria sendo processada. De toda forma, essa discussão semântica não parece a mais pertinente; muito mais louvável é a afirmação daquele que argumenta que a transparência gera maior confiança ao instituto. É sensato ponderar dessa maneira na medida em que, por óbvio, quando se aloca maior transparência em qualquer ato, tem-se mais segurança e certeza do que foi discutido.

Além disso, a abertura do conteúdo de decisões ofertaria a formação de um banco de dados com sentenças arbitrais. Com efeito, isso geraria melhor orientação à próxima decisão de um árbitro.

O Centro Internacional para a Arbitragem de Disputas sobre Investimentos (ICSID, do inglês International Centre for Settlement of Investment Disputes) elenca dinâmicas que integram as chamadas AR Rules (Additional Facility Rules and Arbitration). Tais regras podem formatar a "sintonia fina" que as partes delegam à arbitragem, abastecendo o instituto, para o caso, a medida desejada quanto à transparência e à confidencialidade. Os litigantes podem, por exemplo, entender que não é inconveniente tornar públicos os documentos e as audiências.

De toda maneira, quando se trata da arbitragem que envolva o poder público, não se trata de uma faculdade das partes discutir acerca da transparência ou não de determinadas questões. Na prática, conforme afirmado, a publicidade é uma obrigação. A exigência decorre da própria Constituição, que estabelece o princípio da publicidade enquanto máxima a ser observada pelo poder público.

A verdade é que levar em consideração o princípio da publicidade na arbitragem, sobretudo em sede de contratos que envolvam a administração pública, faz todo o sentido porque a administração é a maior gestora do interesse coletivo e também porque a publicidade é a medida catalisadora da transparência, gerando maior solidez e segurança para o que é decidido.

Se for lançada a pergunta sobre ser ou não conciliável a arbitragem com a publicidade, certamente a resposta passaria pelo sim. Porém, alguns pontos de ordem prática seriam trazidos à baila principalmente quando se trata do poder público como parte: somente o laudo arbitral seria público? Seria plausível a intervenção do Ministério Público? Os órgãos de controle da administração deveriam participar do procedimento? Quais atos de fato seriam públicos ao longo do procedimento? As câmaras e os tribunais de arbitragem observariam o dever de publicidade?

As perguntas para essas e outras indagações serão mais bem respondidas ao longo do tempo, cada vez mais com o pleno amadurecimento do instituto e a sua maior vivência no dia a dia das pessoas e instituições. Mas já é possível

132 MANUAL DOS MESCS

assegurar que, com os passos dados até o presente momento, a arbitragem já atingiu um *status* de organismo confiável para resolução de litígios.

Portanto, como apresentação última sobre o preceito da confidencialidade dentro da arbitragem, é de se ponderar que o princípio sempre foi um dos norteadores do instituto, servindo como óbvio *asset* a favor da arbitragem. Por outro, não se pode perder de vista que é cada vez mais relevante experienciar a arbitragem em um universo de maior transparência.

Utilização do procedimento arbitral na Lei de Sociedades Anônimas

A norma reguladora das companhias, isto é, a Lei n. 6.404/76, foi, também, modificada pela Lei n. 13.129/2015, que alterou a norma reguladora original da arbitragem.

O procedimento arbitral já era previsto na Lei das Sociedades Anônimas antes do ano de 2015. Isso, pois, a robusta reforma nessa lei, em 2001, já havia previsto a possibilidade de se escolher pela arbitragem para tratar de conflitos entre acionistas e a companhia ou entre acionistas majoritários e minoritários, conforme o § 3º do art. 109 da Lei das S.A.

No ano de 2015, foi introduzido no texto da Lei das S.A. o art. 136-A, que prevê a possibilidade de previsão, no Estatuto Social, da escolha pelo procedimento arbitral para dirimir conflitos, desde que observado o quórum previsto no art. 136, ficando todos os acionistas obrigados.

Importante ressaltar que os acionistas que não concordarem com a escolha da previsão do procedimento arbitral no Estatuto Social terão o direito de se retirar da companhia, fazendo uso do chamado "direito de retirada". Contudo, esse direito não é absoluto e comporta duas exceções:

- caso a Companhia seja aberta, suas ações terão liquidez no mercado. Dessa forma, o acionista descontente poderá vender suas ações, por intermédio da bolsa de valores.
- caso a inserção da arbitragem no Estatuto Social seja feita com a finalidade de ingressar em segmento de listagem na bolsa de valores, como o nível 2 e o novo mercado, que foram explicados no início deste capítulo.

Em um primeiro momento, portanto, tem-se que a inserção da cláusula no Estatuto Social reduz o direito de atuação do acionista, que não poderá fazer uso da via judicial. Por esse motivo, é assegurado o chamado direito de retirada que, como foi visto, comporta as exceções citadas anteriormente.

CAPÍTULO 8 – ARBITRAGEM: AS UTILIZAÇÕES DO INSTITUTO   133

Posteriormente, deve-se analisar a posição do investidor que se torna acionista da companhia após a deliberação que insere a convenção arbitral no ato constitutivo da empresa, surgindo três correntes, apresentadas a seguir.

A primeira entende que, ao adquirir as ações, o acionista adere a todas as cláusulas estatutárias e, portanto, adere ao fato de que os conflitos societários serão solucionados por meio arbitral. Ou seja, a compra das ações já faria presumir a vontade do investidor de abrir mão do procedimento judiciário, adotando-se a arbitragem para dirimir conflitos.

O segundo posicionamento entende que a adesão à convenção arbitral deveria ser expressa para acionistas que integrem o quadro social em momento posterior à deliberação que insere a cláusula arbitral. Portanto, deveria ser apresentada ao novo investidor a opção de aderir ou não à cláusula. Caso o investidor se negue a aderir, pode buscar o Poder Judiciário para tratar de eventual conflito.

A terceira corrente entende que companhias abertas não poderiam se valer da arbitragem para dirimir conflitos societários. O primeiro argumento favorável a essa posição está no fato de que as companhias abertas são regidas pelo princípio da publicidade, de modo que suas desavenças não poderiam ser protegidas pelo procedimento arbitral. O segundo fator favorável à posição é que a arbitragem não asseguraria a igualdade das situações de acionistas, uma vez que as soluções deveriam ser idênticas para conflitos idênticos. E, por fim, pode-se ressaltar o fato de que a relação entre os investidores de uma companhia de capital aberto possui uma natureza coletiva, não sendo um direito disponível – requisito essencial para que seja possível o procedimento arbitral.

A necessidade do júri técnico na arbitragem

Algumas questões apresentadas ao procedimento arbitral demandam, para sua solução, conhecimentos profundos em áreas técnicas, fugindo do ambiente meramente jurídico. Nesses casos, a formação do chamado júri técnico é fundamental para o desenvolvimento da arbitragem.

A formação do júri técnico, por força do art. 22, *caput*, da Lei de Arbitragem[6] – Lei n. 9.307/96 – poderá se dar pelo árbitro, de ofício, ou por requerimento das partes, e deverá ser formado por pessoas com grandes conhecimentos nas

---

6   "Art. 22. Poderá o árbitro ou o tribunal arbitral tomar o depoimento das partes, ouvir testemunhas e determinar a realização de perícias ou outras provas que julgar necessárias, mediante requerimento das partes ou de ofício."

134 MANUAL DOS MESCS

áreas complexas da lide, tais como: engenharia, economia, contabilidade, medicina, entre outras.

A priori, a existência do júri técnico visa a validar questões estabelecidas em pareceres periciais trazidos pelas partes. Dessa forma, forma-se o júri para convalidar provas pré-constituídas apresentadas pelos litigantes. Destarte, dá-se aos peritos a possibilidade de sustentar oralmente seus pareceres, a fim de defender e submeter suas conclusões ao crivo técnico do júri.

O júri técnico é escolhido com base em acervos técnicos indicados pelas partes, sendo selecionados mediante sorteio e sempre em número ímpar. Evidentemente, os escolhidos não poderão ser suspeitos ou parciais. Portanto, as partes poderão impugnar os membros do júri com razões fundamentadas na suspeição ou imparcialidade.

Ainda, é importante ressaltar que os jurados possuem total competência acerca da matéria de fato da demanda, enquanto os árbitros possuem competência sobre a matéria de direito. Dessa forma, claro está que o júri técnico é, na verdade, uma comissão de apoio, que deverá ter as seguintes características:

- independência da convicção e liberdade de escolha;
- exclusividade quanto à competência sobre a matéria de fato e procedimentos técnico-científicos;
- zelo pela efetividade do contraditório, visando sempre à descoberta da verdade;
- número ímpar de membros;
- competência para definir o cronograma de julgamento, ouvindo a sustentação oral das teses formuladas pelos peritos, bem como das argumentações desses;
- liberdade de juízo científico, de modo que a escolha se dará por maioria de votos e, em caso de empate, prevalecerá o voto do jurado presidente.

Portanto, fica claro que a existência do júri técnico no procedimento arbitral privilegia e prestigia a ampla defesa e o contraditório, ajudando, também, na busca da verdade. Cabe aos jurados solucionar divergências técnicas no âmbito científico em que são especialistas, visando à identificação da melhor solução técnico-científica.

O regime legal do advogado e a obrigatoriedade de sua atuação no procedimento arbitral

Em capítulos anteriores, ao se tratar da mediação, foram apresentadas múltiplas formas de atuação do advogado naquele expediente. Na mesma

CAPÍTULO 8 – ARBITRAGEM: AS UTILIZAÇÕES DO INSTITUTO 135

toada, mas tratando-se agora da participação do advogado na arbitragem, alguns pontos devem ser esclarecidos.

Na prática, a atuação do advogado no âmbito arbitral não é obrigatória. A rigor, afirma o art. 21 da Lei de Arbitragem, em seu § 3º, que as partes poderão postular por intermédio de advogado, sempre, a faculdade de designar quem as represente ou assista no procedimento arbitral.

Fica claro, assim, que consiste em uma faculdade do litigante lançar mão ou não da figura do advogado para melhor conduzir o núcleo de interesses, objeto da arbitragem. De toda sorte, não custa rememorar que o procedimento arbitral não contempla qualquer instância recursal, o que quer significar a necessidade de cuidado ainda maior ao longo de seu transcurso. Em igual medida, o rigor técnico deve ser vislumbrado quando da atuação das partes. Daí a razão, mais do que clara, para o uso do advogado na condução da arbitragem para a parte.

Superado o ponto anterior, o advogado pode trabalhar na arbitragem na contratação do instituto e na defesa das partes, assim como poderá atuar como árbitro, assessor da parte ou mesmo do órgão arbitral. Pode também tratar da homologação do laudo arbitral quando da arbitragem internacional. Se houver a necessidade de ação ordinária para intentar a nulidade da decisão arbitral, o advogado também encontra motivo para atuar.

CAPÍTULO 9
Arbitragem e as Olimpíadas de 2016[1]

A arbitragem desportiva é um tema bastante contemporâneo que ganhou contorno especial no caso brasileiro com as Olimpíadas de 2016 (julho/agosto), no Rio de Janeiro. Foi implantada, especialmente em razão do evento, uma divisão *ad hoc* da principal corte arbitral internacional na matéria em solo tupiniquim.[1]

Diversos conflitos, pela sua própria natureza ou pelos valores envolvidos, necessitam de uma resposta rápida, consoante o dinamismo do mercado e o processo de globalização. Tratando-se de esporte, meio no qual as carreiras são em geral curtas, a submissão de uma questão ao Poder Judiciário, sobretudo no caso brasileiro, em que é notório que as decisões se arrastam durante anos e quiçá décadas, significa, em última instância, que o atleta, mesmo que obtenha uma decisão favorável, pode não ter sua volta efetiva ao esporte, pela própria desvantagem biológica e etária em continuar sua carreira esportiva no nível profissional. Assim, a arbitragem vai ao encontro da necessidade de um julgamento qualificado, dotado de segurança e força executória, porém mais dinâmico que o procedimento judicial.

A difusão dos meios alternativos de resolução de conflitos teve como marco em nosso ordenamento a Lei de Arbitragem (Lei n. 9.307/96), embora já prevista esparsamente desde o período imperial. Conforme o atual regramento sobre a matéria, a arbitragem constitui-se em um meio de solução de conflitos, passível de ser celebrado por pessoas capazes, relativo a direitos patrimoniais

---

1   GUILHERME, Luiz Fernando do Vale de Almeida; ROCHA, Carolina Alves de Oliveira. Arbitragem e as Olimpíadas de 2016: Uma breve análise da atuação do CAS. *Migalhas*, 2016. Disponível em: https://www.migalhas.com.br/depeso/239584/arbitragem-e-as-olimpiadas-de-2016-uma-breve--analise-da-atuacao-do-cas. Acesso em: 20 dez. 2021.

CAPÍTULO 9 – ARBITRAGEM E AS OLIMPÍADAS DE 2016 **137**

disponíveis (art. 1º da Lei n. 9.307/96). Sua sentença tem força de título executivo judicial, nos termos dos arts. 515 do CPC/2015 e 31 da Lei de Arbitragem. No caso dos desportos, a Lei n. 9.615/98, conhecida como Lei Pelé, estabelece que as partes podem se valer da arbitragem para resolução de litígios patrimoniais disponíveis, sendo vedada a apreciação de matérias ligadas à disciplina e à prática desportiva (art. 90-C), eis que submetidas à Justiça Desportiva. Em consonância com a Lei de Arbitragem, a Lei n. 9.615/98 estabelece ainda que é necessário, para submeter a matéria a juízo arbitral, a consonância com ambas as partes mediante cláusula compromissória ou compromisso arbitral.

Nos últimos anos, diversos casos de atletas levando suas questões para a arbitragem têm sido noticiados, como se verificou no caso Dodô, jogador brasileiro de futebol, à época atuante no Botafogo, e o nadador César Cielo, medalhista olímpico. Ambos foram julgados pela Court of Arbitration for Sports (CAS), também conhecida em francês por Tribunal Arbitral du Sport (TAS), criado em 1984.

Contudo, esse não é o único tribunal arbitral em matéria desportiva. À guisa de exemplo, no Brasil, em 2005, foi criado o Tribunal Arbitral Desportivo (TAD), com aderência de instituições de peso, como a Confederação Brasileira de Futebol (CBF). Contudo, faz-se necessária uma análise mais profunda da CAS pela sua relevância internacional, funcionando como última instância de litígios desportivos em todo o mundo.

A CAS é corte julgadora de litígios desportivos ou questões decorrentes de sua prática, contratos de natureza comercial, ou seja, como contratos de transmissão de jogos com redes televisivas ou de patrocínio, bem como as questões relativas à responsabilidade civil, que ocorre, por exemplo, quando o atleta se acidenta ao manusear determinado equipamento. O Tribunal atua de forma independente de instituições desportivas tradicionais, como o Comitê Olímpico Internacional (COI), a Federação Internacional de Futebol (Fifa), entre outros, porém ligado ao International Council of Arbitration for Sport (Icas).

Historicamente, a CAS foi criada em 1984. Após dez anos de sua existência e visando justamente à garantia de sua independência em relação ao COI, uma vez que esta era a razão das severas críticas sofridas pela CAS à época, foi criada uma entidade com o fim específico de supervisionar o Tribunal: o Icas. Atualmente, o Icas é composto por 20 membros, em sua maioria cumulativamente jurista e atleta de alguma modalidade esportiva, de preferência olímpica, mas há os chamados juristas puros, que não se dedicam à prática esportiva nem possuem, *a priori*, o conhecimento aprofundado de alguma modalidade esportiva. Em relação ao Tribunal, a CAS conta com cerca de 50 árbitros de nacionalidades diversas. Sua sede é em Lausanne, Suíça, e possui escritórios em Sydney e Nova York. Além disso, há centros alternativos de audiência espalhados pelo globo, uma vez que nem todos os atletas possuem recursos para se deslocar até a sede ou um dos escritórios.

Com o passar dos anos, a CAS tem se fortalecido e se firmado no cenário internacional como a principal corte de solução de litígios esportivos e estima-se que seja atualmente o terceiro maior tribunal arbitral do mundo. Em 1992, uma decisão paradigmática do Swiss Federal Tribunal contribuiu consideravelmente nesse sentido, ao rejeitar a apelação de um atleta reconhecendo que a questão seria de competência da CAS. A partir de então, muitas federações esportivas, paulatinamente, reconheceram a jurisdição da CAS, a exemplo da Fifa, em 2002.

Estruturalmente, existem duas divisões na CAS: de arbitragem ordinária (para os processos com início na CAS) e de apelação em arbitragem (para recurso das decisões proferidas por alguma entidade esportiva em qualquer modalidade). Em geral, as decisões são tomadas por um painel composto por três árbitros, um de escolha do autor, um de escolha do réu e o terceiro de escolha dos dois árbitros apresentados pelas partes. Contudo, nas causas de menor complexidade ou valor, se assim acordado entre as partes, a decisão poderá ser proferida por árbitro único.

Como nos grandes jogos, a exemplo das Olimpíadas e Olimpíadas de Inverno, surgem questões cruciais, que necessitam de respostas rápidas, são criadas divisões *ad hoc* específicas, porém vinculadas à CAS, de forma que não tenham de se submeter ao sistema jurídico local. Em 2000, por ocasião das Olimpíadas de Sydney, Austrália, foi reconhecido no julgamento do caso Raguz *vs.* Sullivan que, mesmo todo o procedimento tendo se dado em tribunal *ad hoc*, ou seja, em solo australiano, como a sentença arbitral continuava vinculada à sede da CAS, tratava-se de uma decisão suíça.

Destaque-se que, como geralmente ocorre com decisões arbitrais, o procedimento de julgamento, mesmo submetido ao rito normal da CAS, é mais célere do que se a questão fosse submetida ao Judiciário. Contudo, o que se visa nas decisões *ad hoc* é conferir ao atleta uma decisão ainda mais rápida, de modo que, caso lhe seja favorável, possa continuar participando das competições. Decisões de menor complexidade são geralmente tomadas pelas divisões *ad hoc* em até 24 horas, enquanto casos mais complexos, como os de *doping*, por envolver realização de exames laboratoriais e laudos de profissionais especializados, levam cerca de 4 a 5 dias.

Caso alguma decisão se afigure mais delicada, por exemplo, culminando com a suspensão do atleta, é previsto que poderá ser cindida: em um primeiro momento, toma-se uma decisão parcial, com validade apenas para os jogos, em rito e cognição "sumários", e posteriormente a matéria pendente pode ser analisada conforme o procedimento normal da CAS. Isso porque como as decisões afetam, por vezes definitivamente, a carreira do atleta, elas precisam ser céleres, mas também cercadas pelo procedimento necessário para que sua justeza não fique comprometida em prol da velocidade. Por essa razão adotou--se como lema nas divisões *ad hoc*: "*fair, fast, free*". Em relação aos custos, visando à inclusão de todas as delegações e atletas, não há cobrança para os procedimentos submetidos aos tribunais *ad hoc* durante os jogos, nem mesmo de honorários advocatícios, uma vez que os advogados atuam de forma *pro bono*. Em contrapartida, no procedimento normal da CAS, há cobrança de custas processuais, honorários dos árbitros e verbas de sucumbência.

Para cada edição desses eventos, são criadas regras *ad hoc* diferentes. Longe de ofender a segurança das decisões, as regras diferenciadas traduzem-se em manifestação da evolução dos esportes e questões a eles relativas, adaptando-se para que possam surtir o efeito esperado. Isso porque surgem novas drogas, novos equipamentos, outras formas de transmissão e diversas outras inovações a cada edição. Da mesma forma que o Direito se adapta aos anseios e às evoluções sociais, o regramento específico dos tribunais *ad hoc* não poderia se manter inerte, sendo necessária e bem-vinda a evolução.

Assim como prevê a lei brasileira, também no caso da CAS, para que haja julgamento arbitral é necessário um prévio acordo de arbitragem, por meio de cláusula compromissória ou compromisso arbitral, formalizando a renúncia à via judicial. As decisões tomadas pela CAS podem ser executadas nos termos da Convenção de Nova York, eis que se tratam de sentença arbitral estrangeira. Para tanto, a decisão deve ser homologada pelo Superior Tribunal de Justiça – STJ, conforme previsão do art. 105, I, *i*, da Constituição Federal de 1988 e art. 35 da Lei n. 9.307/96. Nesse procedimento não se discute o mérito do julgamento, apenas se verifica se está eivado por algum vício, como se foi celebrado por partes incapazes, se houve violação do contraditório e da ampla defesa, entre outras questões formais elencadas no art. 38 da Lei de Arbitragem. É possível ainda a denegação da homologação quando a decisão ofender a ordem pública ou a soberania nacional. Uma vez homologada, importa-se a eficácia da decisão arbitral estrangeira para que possa surtir efeitos no território nacional.

Uma das grandes vantagens trazidas pela sentença arbitral é o grau de especialização da instituição. Essa especialização permite maior tecnicidade da decisão e configura uma tendência em todo o mundo. Extrapolando a área desportiva, em que além da CAS existe uma série de outros tribunais, a especialização é notória em outras áreas, a exemplo da aclamada Câmara de Comércio Internacional (CCI). Além disso, a sentença arbitral homenageia a

140 MANUAL DOS MESCS

autonomia da vontade, uma vez que a via arbitral só tem início após prévia escolha dos litigantes. Os próprios árbitros, em sua maioria, são escolhidos pelas partes. Trata-se do corolário da liberdade aplicado aos direitos disponíveis, gerando obrigações entre as partes por seu próprio desejo.

Por fim, entre suas vantagens, embora a arbitragem ainda tenha um custo relativamente elevado, é fixo e previsível, de forma que, aliado à celeridade, pode resultar em processo mais econômico que o sistema judicial, em especial pela desnecessidade de a parte estar assistida por advogado. No caso dos tribunais *ad hoc* da CAS, o custo é praticamente inexistente.

Como os processos ligados ao universo desportivo, em geral, envolvem matérias milionárias, como contratos de patrocínio, a própria carreira do atleta profissional e a dinâmica das competições, conclui-se que a arbitragem desportiva é opção vantajosa para atletas, clubes, federações, entre outros envolvidos no meio. Em suma, a sentença goza de força executória, necessitando, no caso da CAS, apenas se submeter ao processo de homologação por se tratar de decisão estrangeira. É célere, proferida por árbitros de escolha das partes e com amplos conhecimentos sobre a matéria. Trata-se de importante ferramenta já largamente utilizada em todo o mundo e que traz transparência e segurança para as questões jurídicas decorrentes das Olimpíadas de 2016.

CAPÍTULO 10

As plataformas digitais *on-line* – ODR e mediação *on-line* – Da Justiça 4.0

"A oposição dos contrários é condição da transformação das coisas e, ao mesmo tempo, princípio e lei. O estado de estabilidade, de concordância e de paz é apenas uma confusão das coisas no abrasamento geral... O que é contrário é útil, e é daquilo que está em luta que nasce a mais bela harmonia; tudo se faz pela discórdia... O combate é o pai e o rei de todas as coisas; de alguns, ele fez deuses, de uns escravos, de outros homens livres" (Heráclito de Éfeso, séc. V a.C.).

Cediço comentar que a realidade atual apresenta profundas e velozes transformações em todos os seus aspectos funcionais, no que se refere aos liames entre sujeitos, corporações e organizações em geral.

Na medida em que os indivíduos coabitem no mesmo espaço e tenham interesses semelhantes, conflitos devidos à concorrência dos limites dos direitos e das obrigações são alinhavados. Nesse metiê, a esfera jurídica se enquadra como o instrumento regulador quanto às diretrizes que norteiam todos esses enlaces, e, por conseguinte, mister é que as respostas e resoluções desse arcabouço jurídico sejam dotadas de celeridade e eficiência, diretamente compatíveis com as movimentações sociais. Assim sendo, o direito se motiva a implementar esforços para dirimir e para sanar tais contendas, de modo a restabelecer a ordem e a segurança nas relações.

Ao longo do tempo, a justiça nacional se habituou a curvar-se ao arcaico Poder Judiciário como mecanismo de resolução de conflitos. Atualmente, em face de um cenário que impõe o truncamento e a lentidão na correção de litigios por esse meio jurídico convencional, possibilidades já foram observadas com o propósito de dinamizar tal realidade, a fim de que se estabelecessem a verdade e a justiça de modo mais ágil.

Nesse panorama resplandeceu a oportunidade do uso de soluções alternativas com o propósito de desobstruir a sobrecarregada máquina judiciária, e, consequentemente, ensejar respostas oportunas. Nasceram assim, objetivamente, as modalidades alternativas de sanação de conflitos, cuja característica primordial é o desligamento do sistema jurídico público.

No Brasil, o Conselho Nacional de Justiça (CNJ) cuidará desta sanação por meio de Resoluções, e diversas delas têm sido publicadas no sentido de os cidadãos utilizarem plataformas *on-line* para a solução de seus conflitos, sejam elas lincadas com algum Tribunal do país, sejam plataformas privadas, conforme prevê, inclusive, a Lei de Mediação (Lei n. 13.140/2015), em seu art. 46: "A mediação poderá ser feita pela internet ou por outro meio de comunicação que permita a transação à distância, desde que as partes estejam de acordo".

As Resoluções ns. 125/2010, 325/2020, 335/2020, 345/2020 e 385/2021 irão facilitar ao cidadão o acesso à justiça por meio de plataformas digitais, inclusive criar os núcleos de Justiça 4.0 que permitem o funcionamento remoto e totalmente digital dos serviços dos tribunais pátrios para solução de litigios específicos sem exigir que a pessoa compareça pessoalmente ao Poder Judiciário.

Isso veio de maneira galopante a partir da pandemia de Covid-19, além de trazer uma grande economicidade ao Poder Judiciário.

São quatro os maiores problemas enfrentados: 1. conhecimento por parte da população; 2. comarcas distante das capitais; 3. ensino das pessoas que devem estruturar essas áreas junto ao Poder Judiciário, ou seja, o serventuário público; e 4. pessoas de baixa renda – que são muitas (infelizmente) no Brasil.

O Poder Judiciário, pela Justiça Digital, informou em seu relatório de 2021 (*in* Justiça em números 2021, editado pelo CNJ), com base nos anseios da ONU 2030, que o resultado seria:

1. implantação do Juízo 100% Digital;
2. implantação do Balcão Virtual;
3. projeto da Plataforma Digital do Poder Judiciário (PDPJ), com possibilidade de ampliar o grau de automação do processo judicial eletrônico e o uso de Inteligência Artificial (IA); e
4. auxílio aos Tribunais no processo de aprimoramento de registros processuais primários, consolidação, implantação, tutoria, treinamento, higienização e publicização da Base de Dados Processuais do Poder Judiciário (DataJud), visando contribuir com o cumprimento da Resolução CNJ n. 331/2020;

CAPÍTULO 10 – AS PLATAFORMAS DIGITAIS *ON-LINE...* **143**

5. colaboração para a implantação do sistema Codex, que tem duas funções principais: alimentar o DataJud de forma automatizada e transformar em texto puro as decisões e as petições, a fim de ser utilizado como insumo de modelo de inteligência artificial.

Mesmo o CNJ implementando o modelo 4.0, grandes doutrinadores desse modelo, como o espanhol Federico Bueno de Mata,[1] da Universidad de Salamanca, o argentino Alberto I. Elisavetsky,[2] diretor da ODR Latinoamérica e professor da Universidad Nacional Tres de Febrero (UNTREF), e a brasileira Celeida M. Celentano Laporta,[3] da CSViews, já têm escrito sobre a mediação em ambiente privado dessa forma, método que foi amplamente utilizado na pandemia de Covid-19.

A Professora Paola Cantarini e o Professor Willis Santiago Guerra Filho, da Unirio e da PUC-SP, também têm abordado o tema de inteligência artificial no direito. O grande problema enfrentado no país é o total desconhecimento das plataformas *on-line* de solução de conflitos, sejam elas públicas, sejam elas privadas. Como tudo que é desconhecido gera problemas, isso poderia ocasionar uma crise social, já que o operador do direito não está apto a operacionalizar tais formas de solução de conflitos. Infelizmente, as faculdades de direito do Brasil – que não são poucas, mais de mil! – ainda utilizam fórmulas do início do século XX, valendo-se de práticas que tendem a manter um círculo vicioso de conflitos e desgastes o que, ao fim, geram danos em nossa coletividade.

Porém a grande questão que se apresenta é: se o brasileiro quer aprender em plataforma *on-line*, se quer investir em plataformas bancárias digitais, o que falta para ele procurar essas plataformas para solução de seus conflitos?

A mentalidade e a falta de cultura, inclusive pública, poderiam modificar a formação do operador do direito para que ele promovesse uma justiça mais rápida e barata, saindo desse paradigma tradicional de Justiça,[4] já que nem para o cidadão, nem para o Poder Judiciário a justiça é barata.

---

1   DE MATA, Federico Bueno. *Fodertics 4.0*: Estudios sobre nuevas tecnologías y justicia. Granada: Editorial Comares, 2015.

2   ELISAVETSKY, Alberto I. *La mediación a la luz de las nuevas tecnologías*. Buenos Aires: Erreius, 2019.

3   LAPORTA, Celeida Maria Celentano. *ODR – Resolução de conflitos online*. São Paulo: Quartier Latin, 2019.

4   "O paradigma tradicional de Justiça baseia-se na perspectiva cultural dos litigantes e dos profissionais do Direito em acreditar que a Jurisdição perfaz o monopólio Estatal na distribuição de Justiça, sendo praticamente o único meio buscado pelos indivíduos no tratamento das suas contendas. A sociedade brasileira está acostumada e acomodada ao litígio e ao pseudopensamento de que a Justiça só se alcança a partir de uma decisão proferida pelo juiz togado, isto é, naquilo que Kazuo Watanabe (2008) denomina de 'cultura da sentença'. No momento em que o modelo tradicional da 'cultura da sentença' passa a reinar como único mecanismo de imposição de regras na administração dos problemas, mantém-se a cadeia vingativa entre as partes. Além disso, ao se impor ao Poder Judiciário

144 MANUAL DOS MESCS

Espera-se que este seja o grande nicho do mercado para a formação, operacionalização e tratamento do direito, que somente terá funcionalidade quando amparado pela Lei Geral de Proteção de Dados (LGPD),[5] já que, diante da tecnologia e do avanço digital, há que ter uma lei que cuide do bem maior imaterial do planeta, que são os dados pessoais.

Grandes plataformas privadas de solução de conflitos, principalmente de negociação, conciliação e mediação, já estão à disposição dos brasileiros. Cabem a implementação e a junção, por meio de política pública, para fornecer informações à população sobre esse trabalho, utilizando, talvez, uma plataforma única no Brasil para solução de conflitos, mais rápida e célere, como se tentou com o *site* www.consumidor.gov.br.

Somente com a mudança de postura dos operadores do direito e da população em geral pode-se almejar que seremos capazes de tal feito na próxima década e quiçá utilizar a Inteligência Artificial como um modo de solução da Justiça brasileira. Oxalá que seja implementada.

---

a função atípica de concretizar as promessas sonegadas pelo sistema político (Executivo), contribui-se à crescente litigância e ao aumento no número de demandas repetitivas, gerando a chamada crise judicial (litigiosidade e morosidade). [...] o marco legal da Mediação no Brasil, previsto pela Lei n. 13.140/2015, foi promulgado como promessa para superação da hiperlitigiosidade e tem como escopo provocar uma mudança no comportamento dos litigantes e, também, produzir a reforma do sistema judicial. A Lei de Mediação está inserida na chamada 'terceira onda' de Mauro Cappelletti e Bryan Garth, formando novo enfoque judicial no tratamento das controvérsias que envolve o Estado no Acesso à Justiça, não só apenas utilizando o caminho do processo judicial, mas focando também em políticas públicas que incentivem os meios alternativos e consensuais de tratamento dos conflitos. Nesses termos a Mediação contribui para Democratização do Direito, permitindo o mais amplo acesso à Justiça, por meio dos meios consensuais, sobretudo, a um sistema judicial mais ágil, humano e justo. Também contribui para a construção do paradigma de justiça consensual ou coexistencial. [...] Representada pelas vias autocompositivas para os direitos disponíveis, a Justiça conciliatória ou coexistencial, em vez de as partes atribuírem ao terceiro o dever de dizer quem supostamente detém a razão, são elas chamadas a compartilhar a responsabilidade na solução do conflito que as uniu" (GOULART, Juliana Ribeiro; GONÇALVES, Jéssica. *O paradigma consensual de Justiça e a ferramenta do* rapport: *construindo confiança entre as partes e o mediador, apud* BERTASI, Maria Odete Duque; NASCIMBENI, Asdrubal Franco; RANZOLIN, Ricardo Borges (coord.). Op. cit., 2017, p. 202-3.

5   GUILHERME, Luiz Fernando do Vale de Almeida. *Manual de proteção de dados* – LGPD comentada, São Paulo: Almedina, 2021.

CAPÍTULO 11
Da mediação em prol de refugiados

Este é um tema muito importante nos dias atuais: refugiados e mediação como instrumento para ajudá-los.

A Convenção da Organização das Nações Unidas (ONU) relativa ao Estatuto dos Refugiados[1] e a Lei n. 9.474/97 (Estatuto do Refugiado) definem como refugiado a pessoa que, em razão de fundados temores de perseguição, devido à sua raça, religião, nacionalidade, associação a determinado grupo social ou opinião política, encontra-se fora de seu país de origem e que, por

---

[1] Adotada em 28 de julho de 1951 pela Conferência das Nações Unidas de Plenipotenciários sobre o Estatuto dos Refugiados e Apátridas, convocada pela Resolução n. 429 (V) da Assembleia Geral das Nações Unidas, de 14 de dezembro de 1950. Entrou em vigor em 22 de abril de 1954, de acordo com o art. 43. Série de Tratados da ONU n. 2545, v. 189, p. 137, cujo preâmbulo tem a seguinte redação:

"As altas partes contratantes,

Considerando que a Carta das Nações Unidas e a Declaração Universal dos Direitos Humanos aprovada em 10 de dezembro de 1948 pela Assembleia Geral afirmaram o princípio de que os seres humanos, sem distinção, devem gozar dos direitos humanos e das liberdades fundamentais,

Considerando que a Organização das Nações Unidas tem repetidamente manifestado a sua profunda preocupação pelos refugiados e que ela tem se esforçado por assegurar a estes o exercício mais amplo possível dos direitos humanos e das liberdades fundamentais,

Considerando que é desejável rever e codificar os acordos internacionais anteriores relativos ao estatuto dos refugiados e estender a aplicação desses instrumentos e a proteção que eles oferecem por meio de um novo acordo,

Considerando que da concessão do direito de asilo podem resultar encargos indevidamente pesados para certos países e que a solução satisfatória dos problemas cujo alcance e natureza internacionais a Organização das Nações Unidas reconheceu, não pode, portanto, ser obtida sem cooperação internacional,

Exprimindo o desejo de que todos os Estados, reconhecendo o caráter social e humanitário do problema dos refugiados, façam tudo o que esteja ao seu alcance para evitar que esse problema se torne causa de tensão entre os Estados. [...]".

146 MANUAL DOS MESCS

causa dos ditos temores, não pode ou não quer regressar ao seu Estado, ao local em que residia anteriormente.

Entre os direitos garantidos ao refugiado está o de não ser devolvido (deportado) ao país em que sua vida ou liberdade foi – ou continua sendo – ameaçada, constituindo um princípio geral do direito internacional, que é o princípio do *non-refoulement* (não devolução), consolidado na Convenção de 1951 da ONU.

O ACNUR é o Alto Comissariado das Nações Unidas para os Refugiados e responde pela assistência internacional prestada aos refugiados, bem como aos apátridas e aos deslocados em seus próprios países, estimando-se que existam cerca de 20 milhões de refugiados no mundo.

No Brasil, após o advento da Lei n. 9.474/97 (Estatuto do Refugiado), que instituiu as normas aplicáveis aos refugiados e aos solicitantes de refúgio no Brasil e criou o Conare (Comitê Nacional para os Refugiados), foi possível orientar e coordenar as medidas necessárias à proteção, à assistência e ao apoio jurídico aos refugiados.

A lei brasileira foi reconhecida como uma das mais avançadas mundialmente sobre o assunto, pois confere aos refugiados o direito ao trabalho, à educação, à saúde e à mobilidade no território nacional, entre outros direitos, permitindo, dessa forma, que eles reconstruam suas vidas e possam permanecer no Brasil.

Estatisticamente, mais da metade dos refugiados que chegaram ao Brasil entre 2011 e 2015 fugiu de graves violações de direitos humanos, sendo que atualmente existem diversos migrantes provenientes da Venezuela, cuja crise migratória já é considerada a maior da América do Sul registrada na história.

Em termos mundiais, as cinco maiores comunidades migratórias são originárias da Síria, de Angola, da Colômbia, da República Democrática do Congo e da Palestina.

Entre as regiões de onde mais saem os migrantes estão o Mediterrâneo Central, o Leste do Mediterrâneo e o Oeste dos Bálcãs e, ao contrário do que muitos imaginam, os países que mais recebem refugiados não são os considerados de "primeiro mundo" ou desenvolvidos, mas sim os países considerados "em desenvolvimento", tais como Turquia, Paquistão, Líbano e Irã.

Considerando essas informações, é forçoso concluir que inúmeros conflitos podem ser gerados em virtude do encontro entre refugiados e habitantes locais, pois não somente a língua, mas também a cultura, os valores, os costumes etc. são diferentes. No entanto, um único objetivo é capaz de unir todos os migrantes ao redor do mundo, que é o de sobrevivência.

CAPÍTULO 11 – DA MEDIAÇÃO EM PROL DE REFUGIADOS   147

Uma das maiores repercussões sobre a recente crise migratória estampou a capa da revista *Time*, envolvendo o tratamento dado aos migrantes mexicanos pelo governo do Presidente Donald Trump, separando as crianças dos seus genitores. As mortes dos migrantes no Mar Mediterrâneo causaram tristeza em muitas pessoas, mas também aumentaram o preconceito em algumas sociedades.

Os refugiados sofrem constantes violações aos direitos humanos não somente no país de origem, mas também nos países para os quais migram, e os chefes de Estado simplesmente alegam que não são signatários de determinado Tratado Internacional e que, portanto, não estariam obrigados a cumprir certas obrigações.[2]

Tem-se que uma pessoa deixa de ser considerada refugiada se as condições de perseguição ou temor se reverterem ou se tornarem injustificadas em função de mudanças políticas ou se, voluntariamente, o refugiado voltar para o país de sua nacionalidade para fins de residência. Porém, essa situação tem se tornado cada vez mais rara.

---

2   "Tem estado em voga atualmente a noção de obrigação *erga omnes* no direito internacional. Nesse sentido, seriam *erga omnes* as obrigações a *todos* impostas, independentemente de *aceitação* e, por consequência, sem que seja possível *objetá-las*. Trata-se de normas cuja aplicação atinge todos os sujeitos do direito internacional público, sem exceção. Tome-se como exemplo o chamado direito de *passagem inocente* de barcos mercantes estrangeiros pelo mar territorial de determinado Estado: tal é uma obrigação que o Estado ribeirinho há de respeitar *erga omnes*, em decorrência de antiga norma costumeira a respeito (inclusive codificada em diversos tratados internacionais). No que tange à responsabilidade internacional dos Estados por violação dos direitos humanos, entende-se que não somente o descumprimento de normas convencionais (tratados) acarreta a sua responsabilidade internacional, senão também o desrespeito às obrigações *erga omnes* de proteção, que decorrem do direito internacional costumeiro. Em especial, tais normas visam 'preservar os valores fundamentais da comunidade internacional', como referiu o *Institut de Droit International* na sua sessão de Cracóvia de 27 de outubro de 2005. Segundo o *Institut*, há consenso em 'admitir que a proibição dos atos de agressão, a proibição do genocídio, as obrigações concernentes aos direitos fundamentais da pessoa humana, as obrigações relativas ao direito à autodeterminação e as obrigações relativas ao meio ambiente dos espaços comuns, constituem exemplos de obrigações que refletem os citados valores fundamentais'. No que tange à responsabilidade internacional dos Estados por violação das obrigações *erga omnes*, o mesmo *Institut* também propôs que qualquer sujeito do direito internacional ou qualquer parte em um tratado multilateral pode reclamar o descumprimento de qualquer dessas obrigações contra um Estado infrator. [...] É fácil perceber que há estreita vinculação entre as obrigações *erga omnes* e as normas de *jus cogens*, pelo fato de ambas buscarem a preservação dos referidos 'valores fundamentais' da sociedade internacional. Essa relação fica ainda mais estreita quando se cuida da proteção dos direitos humanos, eis que a obrigação que os Estados têm de *proteger* as pessoas sob sua jurisdição (obrigação esta que pode não se enquadrar no conceito de *jus cogens* em todos os casos) tem, no mínimo, caráter *erga omens*" (MAZZUOLI, Valerio de Oliveira. Op. cit., 2014, p. 35-7).

148 MANUAL DOS MESCS

Aqueles refugiados que adquirem uma nova nacionalidade, gozando da proteção desta, também não poderão mais ser considerados, oficialmente, refugiados.[3]

Existem vários tipos de refugiados no mundo, alguns por condições de perseguição política, outros pela existência de conflitos armados e guerrilhas, além daqueles que sofrem com problemas ligados a fome, discriminação racial, social ou religiosa e até os refugiados ambientais, entre muitos outros tipos.[4] Devido a essa intensa migração, são gerados inúmeros impactos sociais diretos e indiretos a curto, médio e longo prazos.

A questão dos refugiados no mundo ganha contornos dramáticos, pois, além dos problemas severos que abrangem suas áreas de origem, ainda existem os problemas que esses migrantes encontram nos locais para onde se deslocam, tais como as diferenças culturais, a dificuldade com o idioma, a busca por emprego e, principalmente, a xenofobia (aversão a estrangeiros) praticada pela população residente nas áreas de destino,[5] gerando inúmeros conflitos difíceis de serem solucionados.

Ao longo da história diversos povos e grupos tiveram que deixar sua terra natal por causa de conflitos e pressões. Entre eles, destacam-se:[6]

1. **israelitas (Canaan, 740 a.C.)** – assírios conquistam Israel, forçando os israelitas a fugir, causando a primeira diáspora dos judeus;

2. **Guerras Mundiais (Europa Ocidental, 1914-1918; Ásia, 1939-1945 d.C.)** – milhões de pessoas deixaram seus países fugindo dos conflitos ou de perseguições político-religiosas. Os destinos iam desde outros países na própria região a distâncias completamente diferentes, como o Brasil;

3. **Nakba (Palestina, 1948)** – pelo menos 700 mil árabes palestinos fugiram ou foram expulsos em razão da guerra civil e da Guerra Árabe-Israelense de 1948;

4. **Guerra dos Bálcãs (Bálcãs, 1992)** – a guerra deixou 200 mil mortos e forçou 2,7 milhões de pessoas a fugir da região – o maior desalojamento de pessoas desde a Segunda Guerra Mundial;

5. **Guerra em Darfur (Sudão, 2003)** – mais de 200 mil mortos e 2,5 milhões de refugiados;

---

3 Fonte: PENA, Rodolfo F. Alves. População de refugiados no mundo. *Brasil Escola*. Disponível em: https://brasilescola.uol.com.br/geografia/populacao-refugiados-no-mundo.htm. Acesso em: 20 fev. 2022.
4 Idem.
5 Idem.
6 Idem.

CAPÍTULO 11 – DA MEDIAÇÃO EM PROL DE REFUGIADOS 149

6. **Ditadura Militar (Brasil, 1964)** – muitas pessoas se exilaram do país durante o regime militar, grande parte delas por medo de repressão e violência por seu posicionamento político;

7. **Guerra Civil Síria (Síria, 2011)** – Começou com protestos e transformou--se em conflito armado contra o chefe de estado Bashar al-Assad. Já soma 200 mil mortos e mais de 4 milhões de refugiados.

Infelizmente é possível observar que a crise migratória tende a aumentar e é um problema que não apresenta uma solução eficaz, pois esbarra em preconceitos, questões internacionais de Direitos Humanos[7] e interesses econômicos e políticos dos países envolvidos nos conflitos.

Embora existam inúmeros registros dos horrores cometidos durante as guerras, a civilização parece não ter aprendido tais lições, reproduzindo as barbáries que fizeram com que milhares de pessoas fugissem de seus lares e de seus países de origem, com um único objetivo comum, o de sobrevivência.

O direito à própria existência, inclusive, é considerado inerente ao ser humano.

Os direitos fundamentais constitucionalmente protegidos esbarram na garantia e na eficácia desses direitos, pois não basta somente garantir o direito à vida, mas sim a uma vida digna, afastando e coibindo toda e qualquer ameaça de violação a esse direito, fazendo com que a problemática da crise migratória e da violação aos direitos humanos seja extinta.

O direito individual não decorre do direito da coletividade em que o refugiado está inserido; pelo contrário, é o direito da coletividade que restringe

---

7   "O Direito Internacional dos Direitos Humanos é aquele que visa proteger todos os indivíduos, qualquer que seja sua nacionalidade e independentemente do lugar onde se encontrem. Trata-se da 'disciplina encarregada de estudar o conjunto de normas internacionais, convencionais ou consuetudinárias, onde são estipulados o comportamento e os benefícios que as pessoas ou grupos de pessoas podem esperar ou exigir dos governos', tendo por objeto de estudo 'o conjunto de normas previstas pelas declarações, tratados ou convenções sobre direitos humanos adotados pela Comunidade Internacional em nível universal ou regional, aquelas normas internacionais que consagram os direitos humanos, que criam e regulam os sistemas supranacionais de promoção e proteção dos direitos humanos, assim como as que regulam os procedimentos possíveis de serem levados ante ditos organismos para o conhecimento e consideração das petições, denúncias e queixas pela violação dos direitos humanos'. [...] O 'direito a ter direitos' (segundo terminologia de Hannah Arendt) passou a ser o referencial primeiro de todo esse processo internacionalizante. Como resposta às barbáries cometidas no Holocausto, começa a aflorar todo um processo de internacionalização dos direitos humanos, criando uma sistemática internacional de proteção mediante a qual tornou-se possível a responsabilização do Estado no plano externo, quando, internamente, os órgãos competentes não apresentem respostas satisfatórias à proteção desses direitos. A doutrina da soberania estatal absoluta, assim, com o fim da Segunda Guerra, passa a sofrer um abalo dramático com a crescente preocupação em efetivar os direitos humanos no plano internacional, passando a sujeitar--se às limitações decorrentes de sua proteção" (MAZZUOLI, Valerio de Oliveira. Op. cit., 2014, p. 53-5).

150 MANUAL DOS MESCS

o seu direito individual, indo contra o caminho natural do desenvolvimento social em relação aos direitos, conforme exposto no início deste trabalho, e incorrendo em um sentimento de injustiça individual que reflete para a coletividade na qual um refugiado está inserido, por exemplo.

Nesse sentido, é forçoso concluir que uma pessoa submetida a situações extremas de fome, frio, medo, abusos e incertezas, ou seja, enfrentando os seus limites físicos e psíquicos, não pode ser submetida às mesmas restrições legais de outra em situações completamente distintas, já que diante de um conflito o sentimento de desigualdade se torna ainda mais latente, assim como o de injustiça.

Diante dos conceitos apresentados sobre os meios extrajudiciais de solução de litígios,[8] tem-se que a mediação seria o melhor meio de solução de conflitos no auxílio aos refugiados, considerando-se a capacitação e a sensibilidade do mediador e respeitando-se as etapas que envolvem o procedimento da mediação, reunindo qualidades técnicas, ambientais e sociais.

---

8 "As metodologias para a resolução alternativa de conflitos podem ser definidas como práticas emergentes que operam entre o existente e o possível. À luz de novos paradigmas, tais processos emergentes podem ser entendidos como processos *auto-organizativos* em sistemas complexos, processos nos quais os participantes, ao construírem renovadas possibilidades na resolução de seus conflitos, reconstroem suas relações e reconstroem a si mesmos (Fried Schnitman, 1998b). Pessoas, famílias, organizações, corporações, comunidades e inclusive países – imersos em um mundo de progressiva complexidade – encontram-se inseridos em importantes processos de mudança. O setor de analistas econômicos, psicossociais e organizacionais denomina tais processos de 'administração da complexidade, da ambiguidade e do caos'. Independentemente do nome com que esses fenômenos são designados, o certo é que existe um amplo acordo no que se refere à sua complexidade. Sugerimos a compreensão do movimento de resolução alternativa de conflitos como parte de um contexto cultural e científico emergente, que se esforça para administrar e coordenar essa complexidade, interrogando e reelaborando as lógicas dos paradigmas conflito/competência – ganhar/perder. Trata-se de construir novas plataformas para a ação, que considerem uma linguagem centrada nas ligações, no sentido de comunidade – o comum –, na ecologia social e na qualidade de vida. Embora o paradigma ganhar-perder ainda controle o debate, estes novos caminhos e recursos examinam nosso potencial para reorientar-nos às ecologias relacionais que sustentam o desenvolvimento participativo e responsável, a uma sociedade civil que possa incluir a diversidade entre seus recursos. A capacidade de ser perguntar sobre as diversas estratégias disponíveis frente ao conflito, de refletir, formular questões significativas, aprender a aprender, transforma-se em meios ativos de enfrentar os conflitos e resistir às simplificações de velhos paradigmas. A construção de um mundo onde haja lugar para a criatividade, onde sejam possíveis marcos para refletir e atuar dentro do paradigma ganhar-ganhar, as associações e os acordos colaborativos na convergência e a diferença – e não só a competência, o poder e o litígio – permitem a geração de novos procedimentos e novas formas relacionais, novos empreendimentos, associações e instituições. É possível que essa construção conduza a inovações nas relações sociais, a reequilibrar o público, o setor civil e o privado, encontrando caminhos mais cooperativos para reconstruir uma comunidade global e local (Bush e Folger, 1994; Fisher e Ury, 1991; Gergen, 1994; Henderson, 1996; Johnson e Cooperrider, 1991; Pearce e Littlejohn, 1997)" (SCHNITMAN, Dora Fried. *Novos paradigmas na solução de conflitos. Apud* SCHNITMAN, Dora Fried; LITTLEJOHN, Stephen (org.). Op. cit., p. 19).

CAPÍTULO 11 – DA MEDIAÇÃO EM PROL DE REFUGIADOS   151

Saliente-se que, no começo de uma sessão de mediação, o mediador deve inicializar as tratativas entre os litigantes; buscar sempre fazer uso de um tom aberto e positivo; ajudar os indivíduos a expressar seus sentimentos e interesses; escolher as áreas e as questões que serão objeto de discussão; e auxiliar as partes na exploração de compromissos, de pontos que são relevantes e de influências. Por isso é tão importante a capacitação do mediador, no sentido de que deverá não somente estar apto a entender o idioma dos litigantes, mas também entender a origem do conflito para cada parte envolvida.

O mediador deve também encontrar os interesses das partes e instruí-las sobre os interesses de cada uma, visando que possam entender o problema e solucioná-lo.

A identificação dos interesses ocultos das partes é tarefa complexa para o mediador, e acontece à medida que este passa confiança às partes sobre o processo.

Os interesses ocultos existem em virtude de os próprios envolvidos muitas vezes não terem conhecimento sobre eles.

Por vezes, também, as partes escondem esses interesses por imaginarem ser conveniente que o outro interessado não tenha acesso a eles.

Em relação às opções de acordo, o mediador deverá informar os envolvidos sobre a necessidade de gerar opções; reduzir os compromissos com alternativas que sejam isoladas; e gerar escolhas, fazendo uso da negociação com base nos interesses das partes.

Em uma situação de conflito, deverá prevalecer a cooperação e não a competição para solucionar o litígio, eis que o objetivo não é a vingança, mas sim a satisfação das partes.

É importante verificar a percepção e a consequente reação ao problema apresentado, pois existem percepções, reações e ações voltadas à resolução de conflitos que podem ser construtivas ou destrutivas, cabendo ao mediador observar cada uma delas, utilizando-se das técnicas disponíveis a serem aplicadas em um caso concreto.

O mediador deve ter por objetivo alcançar o melhor posicionamento dos envolvidos quanto ao problema que os afeta e suas possíveis soluções, sempre por intermédio da reflexão objetiva dos mediandos em relação ao que está sendo colocado ou proposto.

Com a mediação tem-se ainda a criação de um organismo deveras mais saudável e de aproximação das partes, devendo o mediador se pautar pelos seguintes princípios:

a) **independência**: os mediandos sempre terão autonomia para desconsiderar apontamentos do mediador, mas é importante que se relate que

152 MANUAL DOS MESCS

este não deverá manter vínculos de amizade, trabalho ou de qualquer outra natureza com as partes, devendo abster-se na mediação;

b) **imparcialidade:** o mediador deverá se manter imparcial, isento e neutro ao longo do procedimento. Portanto, não deve favorecer nenhuma das partes, tampouco deve fomentar qualquer tipo de preconceito que prejudique algum mediando;

c) **aptidão:** o mediador precisa também estar capacitado para atuar em cada situação, munido dos fundamentos teóricos e práticos atinentes ao caso em apreço;

d) **diligência:** o mediador deverá se manter aberto a novas situações, devendo respeitar os rumos que o procedimento tomar;

e) **validação:** o mediador deve estimular os mediandos a entender que todos merecem atenção e respeito, independentemente de suas diferenças culturais, étnicas etc.

Percebe-se, desse modo, que o mediador não precisa ter uma formação jurídica, tampouco especializada em uma única área, mas sim uma postura interdisciplinar, utilizando-se da psicologia, da sociologia, das ciências sociais etc.

Embora exista atualmente uma normatização da função do mediador, com orientações e responsabilidades, em especial no Brasil, o que fará da mediação um método eficaz será o fato de, para determinado caso concreto, as partes terem ficado satisfeitas com a solução do litígio após a exteriorização dos seus sentimentos e a percepção do problema, visando que elas próprias consigam encontrar a solução para a lide envolvida.

Não obstante a participação de um terceiro alheio ao litígio para auxiliar as partes envolvidas, o mediador deverá ser capaz de fazer com que estas percebam que também são capazes de resolver os seus próprios conflitos.

A realidade que se apresenta à solução de conflitos é de uma total mudança de mentalidade[9] visando à efetiva solução do problema e não à aplicação de normas simplesmente porque elas existem e precisam ser utilizadas.

---

9   "Um imenso movimento toma conta de não poucas escolas de direito na Itália, na França e na Espanha e, especialmente, na América Latina (Brasil, México, Chile, Argentina e Colômbia). Trata-se de um movimento quase espontâneo, não organizado em princípio, resultante de posições teóricas as mais diversas, que tem como objetivo redefinir a juridicidade (seja enquanto ciência, seja enquanto fenômeno social). Trata-se de rever o direito em suas múltiplas relações com a política e com a sociedade. Parece constituir uma onda de crítica do fenômeno jurídico. [...] Na verdade, a própria crise pela qual passa o direito, hoje, nas sociedades pós-industriais (crise de legalidade, crise de legitimidade, crise de aplicação, crise de adequação etc.), recomenda, especialmente nos países empobrecidos do terceiro mundo, a revisão de seus postulados básicos, individualistas, idealistas ou formalistas, fomentando uma reflexão que só tem sabido crescer e se aprofundar. Importa, hoje, revisitar a casa do direito para reformular sua arquitetura, adequando-a aos padrões exigidos pela modernidade, se somos bem-informados juristas, ou pelo caminho da libertação

CAPÍTULO 11 – DA MEDIAÇÃO EM PROL DE REFUGIADOS 153

É a formação interdisciplinar do profissional que possibilitará a solução do litígio, e, para que seja possível essa formação, é necessário que o mediador, nesse caso, se desvencilhe de todos os preconceitos, julgamentos de valor e informações pré-concebidas que adquiriu ao longo da vida.

Ao profissional do Direito, é necessário que apresente uma conduta disruptiva em relação à formação dogmática que teve durante o seu desenvolvimento acadêmico, eis que os professores possuíam o mesmo método de aprendizagem e em geral não foram capazes de vislumbrar que o caminho precisava ser alterado, pois a realidade exige muito além de normas que foram projetadas para situações que não mais existem.

---

democrática, se além de bem-informados juristas somos, igualmente, progressistas e a favor da história. A reflexão que se exige dos juristas, no limiar do século XXI, imprescinde da retomada crítica das formulações hegemônicas sobre o direito e sua função, bem como das formulações marxistas, clássicas, pode nascer um processo de construção teórica comprometido com a democratização do espaço jurídico e com a adequação deste aos desafios surpreendentes lançados pela sociedade contemporânea. [...] Alguns juristas (e não são tão poucos) têm proposto a desmistificação, a desconstrução total do discurso jurídico para o fim de demonstrar o seu caráter ideológico ou retórico ou classista. Sugerem, igualmente, novas bases para a reflexão sobre o direito, sem propor, entretanto, qualquer alternativa para a luta jurídica. Privilegiam o debate intelectual e, não poucas vezes, acompanham uma certa tendência ceticista em relação à juridicidade. Imaginam, muitos deles, que a transformação do direito só pode operar-se a partir da luta exterior a ele, daí por que, a par de esposarem teorias críticas, muitas vezes caem, no cotidiano, ou numa atitude de recursa a qualquer atividade jurídica prática ou, ao contrário, numa prática jurídica dogmática" (CLÈVE, Clémerson Merlin. *O Direito e os Direitos: Elementos para uma crítica do Direito Contemporâneo*. São Paulo: Max Limonad, 2. ed., 2001, p. 185-6, 191-2).

Referências bibliográficas

ACQUAVIVA, Marcus Cláudio. *O advogado perfeito*: atualização profissional e aperfeiçoamento moral do advogado. São Paulo, Jurídica Brasileira, 2002.

ALMEIDA, Amador Paes de. *Curso de falência e concordata*. 20.ed. São Paulo, Saraiva, 2002.

ALVES, José Carlos Moreira. *Direito romano*. Rio de Janeiro, Forense, 2001.

ARAUJO, Nadia. *Direito internacional privado*: teoria e prática brasileira. 3.ed. Rio de Janeiro, Renovar, 2006.

BACELLAR, Roberto Portugal. *Juizados especiais*: a nova mediação paraprocessual. São Paulo, Revista dos Tribunais, 2003.

BARBOSA, Águida Arruda; VIEIRA, Claudia Stein (coords.). *Direito de família*. São Paulo, Revista dos Tribunais, 2008.

BONFIM, Ana Paula Rocha do; MENEZES, Hellen Monique Ferreira de. *MESCs*: manual de mediação, conciliação e arbitragem. Rio de Janeiro, Lumen Juris, 2008.

BRASIL. "Constituição Imperial de 1824". Disponível em: http://www.planalto.gov.br/ccivil_03/Constituicao/Constituicao24.htm. Acesso em: 20 dez. 2021.

BRASIL. Ministério da Justiça. "Manual de mediação de conflitos para advogados: escrito por advogados". Brasília: Ministério da Justiça, 2014. Disponível em: http://www.adamsistemas.com/wp-content/uploads/adam-_manual_med_adv.pdf. Acesso em: 20 dez. 2021.

BULOS, Uadi Lammêgo. *Constituição Federal anotada*: jurisprudência e legislação infraconstitucional em vigor. São Paulo, Saraiva, 2000.

CALAMANDREI, Piero. *Introducción al estudio sistemático de las providencias cautelares*. Buenos Aires, Librería El Foro, 1996.

CÂMARA DE MEDIAÇÃO E ARBITRAGEM DE JOINVILLE. "A mediação, a conciliação e a arbitragem como formas alternativas de resolução de conflitos". Disponível em:

REFERÊNCIAS BIBLIOGRÁFICAS 155

http://www.cmaj.org.br/a-mediacao-a-conciliacao-e-a-arbitragem-como-formas-alternativas-de-resolucao-de-conflitos/. Acesso em: 20 dez. 2021.

CAMILLO, Carlos Eduardo Nicoletti; TALAVERNA, Glauber Moreno; FUJITA, Jorge Shiguemitsu; SCAVONE JÚNIOR, Luiz Antonio. *Comentários ao Código Civil*. São Paulo, Revista dos Tribunais, 2006.

CARMONA, Carlos Alberto. *Arbitragem e processo:* um comentário à Lei n. 9.307/96. 2.ed. rev. atual. São Paulo, Atlas, 2004.

CARNELUTTI, Francesco. "Sulla causa de la transazione". *Rivista del Diritto Comerciale*, Milano, v. 12, pt. 2, 1914.

CARREIRA ALVIM, J. E. *Comentário à Lei de Arbitragem (Lei n. 9.307, de 23.09.1996)*. Rio de Janeiro, Lumen Juris, 2002.

CLÈVE, Clémerson Merlin. *O Direito e os Direitos:* elementos para uma crítica do Direito Contemporâneo. São Paulo: Max Limonad, 2.ed., 2001.

COMITÊ BRASILEIRO DE ARBITRAGEM – CBAr. Disponível em: https://cbar.org.br/site/. Acesso em: 20 dez. 2021.

CONSELHO NACIONAL DE JUSTIÇA. "Movimento pela conciliação". 2010. Disponível em: http://www. cnj.jus.br/programas-e-acoes/pj-numeracao-unica/documentos/356-geral/125-conciliacao. Acesso em: 20 dez. 2021.

DAVID, René. *L'arbitrage dans le commerce international*. Paris, Economica, 1982.

DE MATA, Federico Bueno. *Fodertics 4.0:* Estudios sobre nuevas tecnologias y justicia. Granada: Editorial Comares, 2019.

DINIZ, Maria Helena. *Curso de direito civil brasileiro*. v. 5. São Paulo, Saraiva, 2010.

_____. *Curso de direito civil brasileiro*. v. 3. São Paulo, Saraiva, 2008.

_____. *Curso de direito civil brasileiro*. 12.ed. São Paulo, Saraiva, 1996.

_____. *Dicionário jurídico*. t. 3. São Paulo, Saraiva, 1999.

DI PIETRO, Maria Silvia Zanella. *Direito administrativo*. 28.ed. São Paulo, Atlas, 2015, p. 352.

DOLINGER, Jacob. *Direito internacional privado*. 6.ed. Rio de Janeiro, Renovar, 2001.

ELISAVETSKY, Alberto I. *La mediación a la luz de las nuevas tecnologías*. Buenos Aires: Erreius, 2019.

FARIA, José Eduardo. *O direito na economia globalizada*. São Paulo, Malheiros, 2001.

FAZZALARI, Elio. *La giustizia civile nei paesi comunitari*. Padova, CEDAM, 1994.

FERREIRA, Waldemar. *Tratado de direito comercial*. São Paulo, Saraiva, 1965.

FIUZA, César. *Teoria geral da arbitragem*. Belo Horizonte, Del Rey, 1995.

FOUCHARD, Philippe. *L'arbitrage commercial international*. Paris, Dalloz, 1965.

GUILHERME, Luiz Fernando do Vale de Almeida. *Código Civil comentado e anotado*. 3.ed. Barueri: Manole, 2022 (no prelo).

_____. *Manual de proteção de dados* – LGPD comentada, Sao Paulo: Almedina, 2021.

_____. "A eficácia da arbitragem após 13 anos da 'Lei n. 9.307/96'". *Juris, Revista da Faculdade de Direito*, São Paulo, v. 2, jul./dez. 2009.

_____. *Arbitragem*. São Paulo, Quartier Latin, 2003.

_____. *Manual de arbitragem*. 3.ed. São Paulo, Saraiva, 2012.

GUILHERME, Luiz Fernando do Vale de Almeida; ROCHA, Carolina Alves de Oliveira. Arbitragem e as Olimpíadas de 2016: uma breve análise da atuação do CAS. *Migalhas*, 2016. Disponível em: https://www.migalhas.com.br/depeso/239584/arbitragem-e-as-olimpiadas-de-2016-uma-breve-analise-da-atuacao-do-cas. Acesso em: 20 dez. 2021.

JARROSSON, Charles. *La notion d'arbitrage*. Paris, LGDJ, 1987.

LACERDA, J. C. Sampaio de. *Manual de direito falimentar*. 5.ed. Rio de Janeiro, Freitas Bastos, 1969.

LAPORTA, Celeida Maria Celentano. *ODR – Resolucao de conflitos online*. São Paulo: Quartier Latin, 2021.

LEMES, Selma Maria Ferreira. Árbitros: princípio da independência e da imparcialidade. São Paulo, LTR, 2001, p. 79-90.

LOCKE, John. *Dois tratados sobre o governo civil*. Tradução Cid Knipell Moreira. Londres, Everyman's Library, 1966.

MACEDO JÚNIOR, Ronaldo Porto. *Contratos relacionais e defesa do consumidor*. São Paulo, Max Limonad, 1998.

MAGALHÃES, Rodrigo Almeida. *Formas alternativas de resolução de conflitos*. Belo Horizonte, RHJ, 2008.

MARCATO, Antonio Carlos. *Procedimentos especiais*. São Paulo, Malheiros, 1995.

MELLO, Celso Antônio Bandeira de. *Elementos do direito administrativo*. São Paulo, Malheiros, 2015, p. 797.

MONDIN, Battista. *O homem, quem é ele?* São Paulo, Paulinas, 1986.

MOORE, Christopher W. *O processo de mediação:* estratégias práticas para a resolução de conflitos. Porto Alegre, Artmed, 1998.

MOREIRA, José Carlos Barbosa. *Comentários ao Código de Processo Civil*. vol. V. 12.ed. Rio de Janeiro, Forense, 2005.

PEREIRA, Caio Mário da Silva. *Instituições de direito civil*. v. 5. Rio de Janeiro, Forense, 2009.

PINHEIRO, Luís de Lima. *Direito internacional privado:* competência internacional e reconhecimento de decisões estrangeiras. vol. III. Coimbra, Almedina, 2002.

PIRES, Antonio Cecílio Moreira; TANAKA, Sônia Yuriko Kanashiro (coord.). *Direito administrativo*. São Paulo, Malheiros, 2008, p. 390.

PRADO, Lídia Reis de Almeida. *O juiz e a emoção*. Campinas, Millennium, 2003.

REFERÊNCIAS BIBLIOGRÁFICAS 157

RAMOS, Augusto Cesar. "Mediação e arbitragem na Justiça do Trabalho". *Jus Navigandi*, Teresina, ano 7, n. 54, fev. 2002. Disponível em: https://jus.com.br/artigos/2620/mediacao-e-arbitragem-na-justica-do-trabalho. Acesso em: 20 dez. 2021.

RIZZARDO, Arnaldo. *Direito de família:* Lei n. 10.406, de 10.01.2002. Rio de Janeiro, Forense, 2007.

ROCHA, José de Albuquerque. *A Lei de Arbitragem (Lei n. 9.307, de 23.09.1996):* uma avaliação crítica. São Paulo, Malheiros, 1998.

ROSO, Jayme Vita. *Auditoria jurídica para a sociedade democrática.* São Paulo, Escolas Profissionais Salesianas, 2001.

ROUSSEAU, Jean-Jacques. *Do contrato social.* Trad. Pietro Nassetti. São Paulo, Martin Claret, 2002.

SANTOS, Marcelo O. F. Figueiredo. *O comércio exterior e a arbitragem.* São Paulo, Resenha Tributária, 1986.

SCAVONE junior, Luiz Antonio. *Manual de arbitragem.* 2.ed. São Paulo, Revista dos Tribunais, 2008.

SERPA, Maria de Nazareth. *Teoria e prática da mediação de conflitos.* Rio de Janeiro, Lumen Juris, 1999.

SOARES, Guido. "A arbitragem e sua conaturalidade com o comércio internacional". In: _____. *Aspectos atuais da arbitragem.* Rio de Janeiro, Forense, 2001.

SOUSA, Mariana Freitas de; LONGO, Samantha. A Convenção de Singapura sobre acordos em mediação. Disponível em: https://www.migalhas.com.br/coluna/migalhas-consensuais/347920/aconvencao-de-singapura-sobre-acordos-em-mediacao. Acesso em: 20 dez. 2021.

TAVARES, Fernando Horta. *Mediação e conciliação.* Belo Horizonte, Mandamentos, 2002.

TENÓRIO, Oscar. *Direito internacional privado.* vol. I. 8.ed. Rio de Janeiro, Freitas Bastos, 1965.

_____. *Direito internacional privado.* vol. II. 11.ed. Rio de Janeiro, Freitas Bastos, 1976.

TRIBUNAL DE JUSTIÇA DO PARANÁ – TJPR. "Conciliação". Disponível em: https://www.tjpr.jus.br/conciliacao. Acesso em: 20 dez. 2021.

TUCCI, J.R.C.; FERREIRA FILHO, M.C.; APROGLIANO, R.C.; DOTTI, R.F.; MARTINS, S.G. (coords.). *Código de Processo Civil anotado.* s.l.: AASP; OAB Paraná, 2015.

VASCONCELOS, Carlos Eduardo. *Manual de mediação de conflitos para advogados,* 2014. Disponível em: http://www.adamsistemas.com/wp-content/uploads/adam-_manual_med_adv.pdf. Acesso em: 20 dez. 2021.

VERÇOSA, Haroldo. *Os "segredos" da arbitragem.* São Paulo, Saraiva, 2013.

VEZZULLA, Juan Carlos. *Teoria e prática da mediação.* Paraná, Instituto de Mediação e Arbitragem do Brasil, 1998.

VIEIRA JÚNIOR, Antônio Laért. *Responsabilidade civil do advogado*. Rio de Janeiro, Lumen Juris, 2003.

WALD, Arnoldo. *Obrigações e contratos*. São Paulo, Saraiva, 2004.

ZERBINI, Eugenia C.G. de Jesus. "O regime internacional dos investimentos: sistemas regional, multilateral, setorial e bilateral". 2003. Tese (doutorado) – Faculdade de Direito, Universidade de São Paulo, 2003.

Índice alfabético-remissivo

A

Adjudicação 30
Advocacia colaborativa 27
Alexandre Câmara 66
Alternative dispute resolution (ADR) 1
Ampla defesa 93
Ana Paula Rocha do Bomfim 47
Arbitragem 8, 11-13, 16, 20, 22, 24, 65,
    66, 72, 74, 77, 87, 122, 128, 136
  ad hoc 77
  e o poder público 129
  institucional 77, 78
  interna 77
  internacional 77
  no âmbito das parcerias público-
    -privadas 127
  pelas partes 79
Árbitro 87, 90
Aristóteles 2, 23
Arnoldo Wald 41
Augusto Cesar Ramos 23
Autocomposição 7, 22
Autonomia
  das partes 92
  da vontade 39
Avaliação
  antecipada 15
  neutra 15, 16
Avaliador neutro 27

B

Barbosa Moreira 112
Baseball arbitration 20
Battista Mondin 2
Bens patrimoniais disponíveis 13
Boa-fé 41

C

Cadastro Nacional de Mediadores
    Judiciais e Conciliadores 31
Câmaras Privadas de Conciliação e
    Mediação 24, 32
Cândido Rangel Dinamarco 6
Capacidade 74
Carlos Alberto Carmona 13, 65, 69, 76,
    77, 93
Carreira Alvim 66
Carta arbitral 108
Celeridade 40, 73
César Fiuza 54
Charles Jarrosson 65
Christopher W. Moore 11
Cláusula
  arbitral patológica 83

160   MANUAL DOS MESCS

compromissória 82, 85, 124, 127
cheia 82
vazia 83
Cláusula-padrão 28
escalonada mediação-arbitragem 28
escalonada mediação-Judiciário 28
Código Civil 44
Código de Processo Civil de 2015 40
Comediação 37
Comissão Especial de Mediação,
Conciliação e Arbitragem do
Conselho Federal 30
Comissão Permanente de Acesso à
Justiça e Cidadania 32
Comitê Gestor de Conciliação e de
Mediação do CNJ 29
Comitê Olímpico Internacional 137
Compromisso arbitral 13, 84, 85
Concentração de atos 73
Conciliação 7, 11, 12, 15, 24, 27, 50,
51, 65
extrajudicial 52
judicial 52
Confederação Brasileira de Futebol 137
Confiança no árbitro 88
Confidencialidade 40
Conflito 12
Conotação positiva do conflito 61
Conselho da Magistratura do Estado de
São Paulo 63
Conselho Nacional das Instituições
de Mediação e Arbitragem
(Conima) 29
Consensual building 21
Consensualismo 41
Constituição Imperial de 1824 67
Contraditório 93
Contrato social 4
Convenção
arbitral 83
de arbitragem 81
de Bruxelas 115
de Lugano 115

Interamericana sobre Arbitragem
Comercial Internacional 68
Interamericana sobre Arbitragem
Internacional no Panamá 68
privada 12, 13
Court of Arbitration for Sports 137
Cultura do conflito 11
Cultura do diálogo 11

D

Day baseball arbitration 20
De Plácido e Silva 96
Deputado Milton Mendes 70
Deveres do árbitro 97
Diligência 42
Direitos patrimoniais
disponíveis 75, 76
indisponíveis 76
Direitos patrimoniais disponíveis 12, 13
Dispute resolution board 21

E

Economicidade 39
Édito Imperial 9
Efetivação da sentença arbitral 103
Elio Fazzalari 117
Ensino jurídico 124
Escola Nacional de Formação
e Aperfeiçoamento de
Magistrados – ENFAM 31
Escolas de mediação 25
Escolha do mediador 30
Especialização 72
Estado de natureza 4
Estatuto do Idoso 46
Etapas da mediação 34

F

Federação Internacional de Futebol 137
Fernando Collor de Mello 70
Flávia Bittar Novaes 78
Formação da sociedade 2
Formatação do Estado 3
Fortalecimento do Estado 10

ÍNDICE ALFABÉTICO-REMISSIVO   161

G

Giselle Câmara Groeninga 44
Guido Soares 69, 77

H

Haroldo Verçosa 101
Hellen Monique Ferreira de
    Menezes 47
Heterocomposição 7, 8
High-low arbitration 20
Homologação de sentença estrangeira
    109, 111, 120
Hung-Hsi 9

I

Identificação do problema 60
Igualdade das partes 94
Imparcialidade do árbitro 94, 95
Impeachment 70
Inadimplemento contratual 119
Informalidade 41, 74
Instituto Brasileiro de Geografia
    e Estatística (IBGE) 45
Instituto Liberal de Pernambuco 69
*International Council of Arbitration
    for Spor*t 137
Investigação das propostas das partes 59
Irrecorribilidade 74

J

Jacob Dolinger 114
Jean-Jacques Rousseau 3
John Locke 4
José Carlos Barbosa Moreira 69
José Carlos Moreira Alves 43
José de Albuquerque Rocha 82
José Maria Rossani Garcez 18
Jurisdição comum 8
Júri técnico na arbitragem 133

L

Lavratura de acordo 62
Lei das S.A. 71
Lei de Arbitragem 65, 67, 68, 70, 74, 76,
    82, 104, 107, 129, 136
Lei de Introdução às Normas do
    Direito Brasileiro 112, 115
Lei de Mediação 35
Lei de Recuperação Judicial
    e Falências 122
Lília Maia de Morais Sales 11
Livre convencimento do árbitro 96
Luís de Lima Pinheiro 113
Luiz Antonio Scavone Junior 90, 97,
    105

M

Maria de Nazareth Serpa 12
Maria Helena Diniz 44, 74, 75, 82
Maria Lúcia Pizzotti 50, 63
Mediação 7, 9, 11, 15, 18, 21, 22, 23, 24,
    27, 28, 40, 41, 65
    avaliativa 25
    circular-narrativa 25, 26
    extrajudicial 31
    facilitativa 25
    familiar 43
    incidental 31, 33
    judicial 30, 31
    no direito de família 46
    prévia 31, 32
    Princípios 38
    transformativa 25
    vantagens 38
Mediador 12, 23, 24, 26, 29, 33, 35
Meios extrajudiciais
    de pacificação social 10
    de solução de conflitos 1, 9, 18, 22,
    52, 122
Mercado de capitais 125, 127
Métodos extrajudiciais de solução de
    conflitos 15

Ministério da Educação (MEC) 31
Ministério Público 27

N

Nancy Andrighi 116
Natureza da sentença estrangeira 109
Negociação 7, 18
Negócio jurídico bilateral 7
Nelson Nery Jr. 15
Night baseball arbitration 20
Nulidade da sentença arbitral 101

O

Olimpíadas de 2016 136
Ombudsman 17, 18, 122
Operação Arbiter 69
Oralidade 41
Ordem dos Advogados do Brasil
(OAB) 30
Oscar Tenório 109, 114
Ouvidor 18
Ouvidoria 17

P

Parcerias público-privadas 127, 128
Patrimônio 75
Pedro Batista Martins 69
Pensão alimentícia 118
Philippe Fouchard 65
Piero Calamandrei 105
Planejamento da sessão 55
Platão 67
Poder Judiciário 5, 6, 9, 13, 14, 17, 29,
32, 38, 40, 47
Poder Legislativo 22
Portugal Bacellar 54
Prazo para a sentença 101
Pré-mediação 34
Princípio da conciliação 96
Princípios da arbitragem 91
Princípios do mediador 42
aptidão 42
imparcialidade 42

independência 42
Private judging 20
Procedimento 98
Procedimento arbitral 126, 127, 134
na Lei de Sociedades Anônimas 132
no Mercado de Capitais 126
no Mercado de Valores Mobiliários
Brasileiro 124
Processo judicial 14, 15, 16, 27
de conhecimento 33
Protocolo de Genebra 68

R

Reformulação 61
Regime legal do advogado 134
Relações homoafetivas 45
Relato das partes 36
René David 65
Rent-a-judge 20
Revelação dos interesses ocultos das
partes 35
Rodrigo Almeida Magalhães 55
Ruberlei Bulgarelli 50

S

São Tomás de Aquino 2
Selma Maria Ferreira Lemes 69
Senador Marco Maciel 69
Sentença arbitral 13, 99
estrangeira 120
Sérgio Cruz Arenhart 94
Sessão conjunta 36
Solução consensual dos conflitos 27
Solução de conflitos 1, 10, 12
Sun Tzu 9
Superior Tribunal de Justiça 110, 113,
116

T

Terceiro imparcial 12
Termo de compromisso de mediação 34
Thomas Hobbes 3
Título executivo judicial 33

ÍNDICE ALFABÉTICO-REMISSIVO 163

Transação 11, 51
Tratado de Bustamante 68
Tribunal
Arbitral Desportivo 137
de Justiça de São Paulo 63, 106
de Justiça do Estado de Minas
Gerais 107
de Justiça do Estado de São Paulo 80
de Justiça do Rio Grande do
Sul 81, 102
Transação 13

Tutelas
cautelares 106
de urgência 106

U

Uadi Lammêgo Bulos 44

V

Validação 43